音大生のための“働き方”のエチュード

藤井裕樹

音楽には
こんな仕事が
あるよ！

楽器の練習
だけしてれば
いいの？

どうやって
お金が
もらえるの？

まんがでわかる
音楽家の多面的な働き方
某私立音楽大学
のぞむ君 いつもがんばってるけど あと一歩なのよね…
卒業したらプロになるのかな～？
ヴァイオリン専攻3年 のぞむ
のぞむ おつかれ～
試験 うまくいった？
あ！ みらい

のぞむは卒業したらどうするの？
就活とかしてないの？
某一般大3年
のぞむの幼なじみ
みらい
ああ…就活っていうか
これに
〇〇交響
団員募集
募集パート
応募資格
入団試験
日時
会場
応募しようかと思ってるんだ
え!?
〇〇交響楽団ってめちゃくちゃ有名じゃない!?
あんたそんなに上手かったっけ？
お…音大に行ったらプロになるのが当たり前だろ？
同級生も先輩も受けるんだからオレだって…
そっかぁ…
そういうみらいはどうなんだよ？
私は一般企業に就職するよ
大学のビッグバンドサークルが楽しいし
最近教室通っててトロンボーン吹くのが面白くなってきたから趣味で音楽は続けるけどね
あ！そうだクラシックじゃないけど
教室だけじゃなくて色んな現場で活躍してるみたいだから話だけでも聞いてみたら？
私の先生が今日ライブやってるから行ってみる？
お！いいね

Live House
COFFEE SHOP
のぞむ君だね？
はじめまして！
みらいちゃんから話は聞いたよ
のぞむ君は
オーケストラのオーディションを受けるんだって？
藤井裕樹
はい！せっかく音大に入ったしまわりの人たちもプロを目指してるみたいだし…
なるほど目標があるのはいいことだよね
それで
どうすればプロになれるか考えたことはあるかい？

えっと…だからオーケストラのオーディションを…
それで受かればいいけど落ちたらどうするつもり？
落ちることなんか考えてません！
一度や二度失敗してもチャレンジを続けます！
不安はあるけどまあどうにかなります！
チャレンジはすばらしいけど
じゃあその間はフリーターってこと？
ええ…そりゃ親に迷惑かけちゃうかもしれないですけど
アルバイトすれば一人暮らしでも何とかやっていけるかと…
ちょっと待って！
よく考えてごらん
そもそものぞむ君と同じ場所を目指すライバルは何人いると思う？
え？
ウチの大学内では今のところ8人くらいで…
そういう話じゃないんじゃない？
…？

あのねえ大学や身近にいるライバルの話とは違うんだよ
全国でオーケストラを目指しているヴァイオリン奏者は何人いると思う?
ただでさえ少ない応募枠に100人が殺到することだってあるんだよ!
しかもオーディションが毎年あるとは限らないし
10年席が空かないなんてこともある
君に
それを待ち続ける覚悟はあるのかい?
え…
10年って…私は絶対無理
ほかに何かプロでやっていくための方法を考えたことはあるのかな?
え?オーケストラに入る以外に方法があるんですか?
そんなことだろうと思った
そこで僕が提案したいのが
『多面的な働き方』なんだ

多面的？
たとえば
クラシック＋ジャズ
演奏＋指導
演奏＋作編曲
音楽＋カメラマン
など
WRITER
PLAYER
JAZZ
CLASSIC
CAMERAMAN
2つ以上の肩書を自由に組み合わせれば自分の音楽の可能性はもっと広がる！
自分の音楽の可能性…か
僕は『音大出身＝演奏家一本で食べていく』と決めつけないことが
これからの音楽家の生き方の主流になっていくと思うよ
そうか！
たとえオーケストラに入れなくても演奏以外のスキルを身につけることで
音楽で食べていくチャンスが増えるんですね！
その通り！
僕はのぞむ君のように日本の音大には行かなかったけど
実際にこんな肩書を持っているよ
す…すごい！
・トロンボーン奏者
・作編曲家
・音楽教室講師
・音楽ライター
・プロデューサー
・コンサルタント
・㈱マウントフジミュージック 代表取締役
こんなにたくさん！

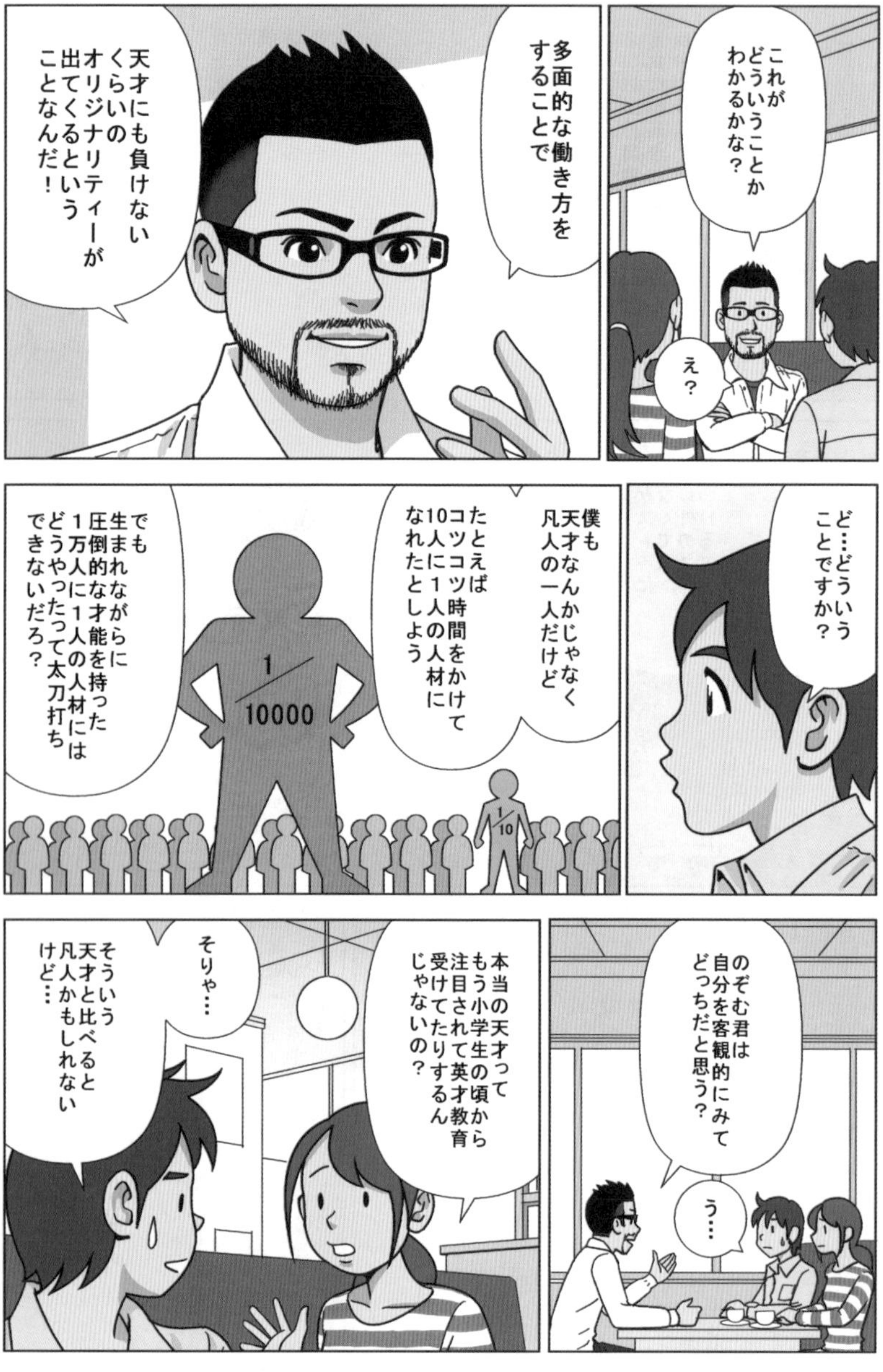
これがどういうことかわかるかな？
え？
多面的な働き方をすることで
天才にも負けないくらいのオリジナリティーが出てくるということなんだ！
ど…どういうことですか？
僕も天才なんかじゃなく凡人の一人だけど
たとえばコツコツ時間をかけて10人に１人の人材になれたとしよう
1/10000
1/10
でも生まれながらに圧倒的な才能を持った１万人に１人の人材にはどうやったって太刀打ちできないだろ？
のぞむ君は自分を客観的にみてどっちだと思う？
う…
本当の天才ってもう小学生の頃から注目されて英才教育受けてたりするんじゃないの？
そりゃ…
そういう天才と比べると凡人かもしれないけど…

私は音楽は趣味でやるのが一番だと思うよ
そうなのかなぁ…
いや！諦めることはない！
考え方を変えてみるんだよ！
現時点で君が10人に1人の人材だとして
別の分野でも10人に1人の人材になれたとしたら
『10人に1人×10人に1人＝100人に1人』になれるんじゃないかな
1/10
なるほど！
さらに別の分野も手掛けると『100人に1人×100人に1人』だって可能だろ？
すごい！
1万人に1人だ!!

つまりそうやって分野を広げていくことで非常にレアで貴重な人材になれる
あれもこれもできることで誰もライバルがいない世界に行けるってことなんだ！
そういうことなんだよ！
のぞむ！
理屈ではそうだけど…
それはそれで大変なんじゃないですか？
もちろん多面的な働き方をするためにはさまざまな工夫が必要だし
信用を得るために守るべきマナーもある
さらには経営者的な視点も必要になる…
経営者か…そういうのはちょっと苦手だけど…
僕たち凡人でも1万人に1人になれるってことですよね？
興味を持ってくれたみたいだね

オーケストラ以外にもプロで生きる道があるんですね!?
もっと詳しく教えてください！
私も
会社に就職する以外の可能性を探ってみようかな
OK！
じゃあこれから音楽家の多面的な働き方についてレクチャーしていくよ！
ただし肩書の組み合わせが変われればゴールも変わる
僕が話すことはみんなに当てはまる正解ではないからね
いいかい最終的な答えは自分で見つけなくてはダメだよ！
しっかりついてきてね！
はい！
よろしくお願いします!!
COFFEE SHOP

CONTENTS　目次

構成・編集／宮嶋尚美
漫画・カバーイラスト／近藤こうじ
装丁・デザイン／赤井晴美

Lesson
1

働くスタイルは一つでなくていい

Exercise（練習問題）①

あなたの働きたいスタイルは、次のA～Dのどれに当てはまりますか？
また、自分がそれぞれの働き方を実践したとして、
イメージをふくらませてみてください。

A．芸術家になる。収入がなくてもよいので、とにかく自分のやりたいことを追求したい

B．働き方を一つに絞った職業音楽家になる。フリーランス、オーケストラ奏者など、演奏家一本に特化して成果を出し、収入を得たい

C．多面的に働く職業音楽家になる。クラシック＋ポップス、演奏＋指導、演奏＋作編曲、または、音楽＋カメラマンのような異業種の組み合わせ、平日は会社員、週末は音楽家など、いくつかの職種をかけ合わせて収入を得たい

D．プロの音楽家としては活動せず、就職、もしくは、結婚して家庭に専念したい

二刀流・大谷選手の登場で見方が変わった

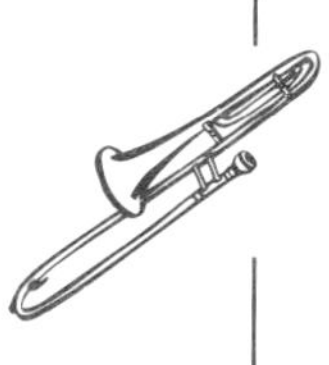

さて、このなかに、あなたの働きたいスタイルはありましたか？ AからDまで、いろんな自分を想像できましたか？ すぐに答えを出す必要はありませんし、どれがあなたにとっての正解かは僕もわかりません。本書を読み終わる頃、もう一度、同じ質問をするとして、まずは話を先に進めましょう。

いきなりですが、現役メジャーリーガーの大谷翔平選手の話をします。もともと大谷選手は、高校を卒業したらすぐに渡米し、大リーグを目指すという夢を持っていました。その夢を踏みとどまらせたのが、日本ハム球団です。大リーグでは不可能と言われた「投手と野手、二刀流への育成プラン」を提案され、日本でプレーすることになったのです。

「二刀流」は、日本のプロ野球界にも大きな話題をふりまき、大谷選手に注目が集まりました。そして、ピッチャーとしてもバッターとしても一流の成績を上げ、二刀流のプレーヤーとして大リーグに移籍することが決まりました。移籍一年目には新人賞を獲得。大谷選手より良い成績を残した選手もいたのに彼が選ばれたということは、アメリカの野球界にとっても二刀流が与えた衝撃がそれだけ大きかったということでしょう。

二刀流のプロで成功した人は過去に一人もいませんでしたから、最初のシーズンが始まる前は、「二刀流なんて無理」「プロをなめるんじゃない」「そんな中途半端なことをしてケガでもしたら元も子もない」という声もありました。しかし、そんな非難をはねのけ、唯一無二の存在であることを見せつけたのです。

一試合で投打のヒーローになれる「一人で二人分の戦力」!

それこそが大谷選手にしかない強みです。そんな大谷選手を一目見ようと球場に集まるファンが増えれば、球界への貢献度も高まります。

大谷選手も、二刀流を維持するのは簡単ではありません。使う筋肉も調整方法も違うなかでどちらの技術も向上させることは、異次元のチャレンジといえます。ただし、大谷選手は、イチロー選手や松井秀喜選手ですら見たことのない世界を、その目で見ることができたのです。「大谷選手に続け！」とばかりに、二刀流を目指す野球選手も増えているといいます。

大谷選手の話をすると、彼は天才、別格だと思ってしまいますが、世の中は才能がある人のみがうまく世間を渡っていけるほど単純でも、不平等でもありません。

音楽の世界も、進む道を一つに絞らず可能性を広げることで、見える世界は変わっていくはずです。同じように専門の訓練を受けた多くの音楽家のなかから頭一つリードするためには、ほかの人とは違うフィールドにも手を伸ばしてみる。まずはそのような発想を持つことが、僕が本書で伝えたい「あなたに目指してほしい新しい生き方」の第一歩です。

たとえば、僕がヴァイオリンだけじゃなく、ヴィオラも弾けたとしたら、二刀流の奏者として活動できるってことですよね？今まで考えたこともなかったです！
そうそう、その調子。『自分にはこの道しかないんだ』という発想をやめ、自分を抑えていたストッパーを外してみよう

ここがPoint！

- □大谷選手はプロの二刀流が成立することを示し、野球界の見方を大きく変えた
- □プロ野球の二刀流を音楽に置き換えてみよう

○○もできるお笑い芸人

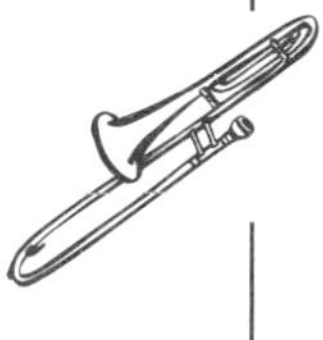

お笑い界に目を向けると、僕の言いたいことがもっと理解できると思います。

今、テレビなどで活躍している若手や中堅、ベテラン芸人さんは、ほとんどが養成所出身です。吉本興業などプロダクションが開校するお笑いの養成所のほか、専門学校もあります。ちなみにダウンタウンの二人は吉本興業養成所であるNSCの第一期生です。

芸人さんたちは、基本的に面白くなければ売れません。そこで、ネタづくりやモノマネのテクニック、トークの訓練など、養成所でお笑いのプロとして最低限の基礎を教わるのです。

一方、あなたのように音大に通う人たちに目を向けるとどうでしょう。さまざまなテクニックや表現力を教わり、「プロの音楽家の基礎」ができているはずです。

ところが、お笑いに話を戻すと、テレビのバラエティー番組で冠番組を持てる「売れっ子芸人」は、ほんのひと握り。

その他大勢の芸人さんは、生活のためにアルバイトをしながら劇場に出て、お笑いの月収は「数千円」という人が数えきれないほどいます。

レギュラー番組や劇場の仕事で食べられる人がフリーランスやオーケストラ奏者、番組司会がソリストクラスと考えると、わかりやすいのではないでしょうか。同じ『芸能』というくくりで見れば、当たらずとも遠からず、あながち外れてはいないと思います。それだけ競争の激しい世界なのです。

では、その他大勢から抜け出すためには、何が必要なのでしょうか?

答えは「オリジナリティー」です。

たとえば、料理がプロ級の腕前、歌が上手い、家電に詳しい、グルメ、高学歴、アスリート系、甲子園出場経験といった、自分だけの切り口や才能があることを知ってもらえば、「ネタが面白い」という正攻法の芸人さん以上に露出が増やせます。ネタが面白いだけでは、ネタ番組にしか呼ばれませんが、ほかにも武器があれば、売れ方はさまざまです。

諦めずにネタづくりだけを続けていれば芽が出るわけでも、努力していれば必ず報われるわけでもないのです。

あとは、どうやって自分らしさをわかってもらうか。その手法もいろいろあり、最近では、YouTubeでオリジナル曲を発表し、それがきっかけで面白さが世間に広がり、一気に人気者になったケースもあります。

音楽家であるみなさんも、独自のカードを探し出してみましょう。ほかの楽器や音楽スタイルと組み合わせると、どんな自分に変化するのか、ぜひシミュレーションしてほしいと思います。

なるほど。お笑い芸人と音楽家の世界、言われてみればたしかに似ていますね。どちらも競争の激しい世界だからこそ、オリジナリティーが大切になるんですね！

どんなにライバルが多くても、自分にしかない強みを伸ばすことで、周囲のライバルに差をつけることはできる。その強みで何ができるのか、具体的に考えてみることも大切だよ

ここがPoint！

- □お笑い芸人も、音楽のプロも、非常に競争の激しい世界に身を置いている
- □その他大勢から抜け出すには、「オリジナリティ」が必要だ

Exercise（練習問題）②

最初の問題で、A、Bを選択した方のみ、答えてください。

・あなたにはそれだけの才能が備わっていると思いますか？

・才能があるかどうかはともかく、すべてをなげうってでも、そこに情熱を注ぎ込む覚悟はありますか？

・また、実現までの間、最低限の生活を維持するためのプランはありますか？（実家で親の世話になる、結婚相手やパートナーに自分の分まで稼いでもらう、最低限はアルバイトで稼ぐなど）

・最終的に成功しなかった場合、いさぎよく諦める覚悟はありますか？

将来の可能性を狭める「バイアス」の外し方

そろそろ現実的な話をしていきましょう。

みなさんのなかには、幼少期から一つの楽器をずっと続けてきたという人も多いでしょう。特にピアノやヴァイオリンといった楽器は4、5歳から始めて、継続して練習し続けなければ音大に入ることは難しいといわれます。

その努力が報われ、無事音大に合格して先生も家族も大喜び！「よし、これからの4年間は好きな音楽だけに打ち込むぞ！」「これまで以上に練習して、この楽器でプロを目指そう！」と決心したかもしれません。

実はそこに一つ落とし穴があるのです。

長い人なら十数年、幼い頃からやり続けてきた一つの楽器やクラシック、ジャズといった音楽スタイルを究めようとする、その決心は間違っていません。しかし、あなたの将来は、まだ何も決まっていません。よく考えてみてください。4年もの間、固定された楽器や音楽スタイルしかやらないと決めてしまうのは、ちょっと気が早くありませんか？

たとえば、さっきまでののぞむくんのように、「プロになるにはオーケストラに入るしかない」と、決めつけてしまうことを『**バイアスがかかった状態**』と言います。『バイアス』とは、『自分だけの常識』『固定概念』と言い換えてもいいでしょう。

バイアスがかかったままだと、僕がいくら「楽器以外のことにもチャレンジしてみよう」「ほかの音楽スタイルにも興味を持とう」と言ったところで、「編曲なんて無理！」「ジャズは自分には合わない」と思ってしまいます。

では、バイアスをなくしたらどうなるでしょう。

そのために、まず自分の常識を疑ってみることが大切です。**自分の常識に対して「その**

元になっている根拠はあるのか？」と、考えてみるのです。

それが、練習問題②を設定した目的です。

前提を疑った状態で、「あなたにはそれだけの才能が備わっていると思いますか？」と質問されたら、おそらく答えに詰まってしまうでしょう。

そこでバイアスに気づくことによって、自分が見落としていた可能性が見えてくるかもしれません。たとえば、「オーケストラに入ってプロのヴァイオリニストになる」には、大勢のライバルに勝たなければ合格しないことや、オーディションに落ちた場合のフォローもあらかじめ考えておかなければいけないことに思いが及ぶようになるでしょう。「だったら、学生のうちにもっと可能性を広げてみようかな？」と思えたらしめたものです。

あなたも、自分自身で選択肢や可能性を狭めていないか、今一度、自分の常識を疑ってみてください。

僕も子どものころからの習慣で、ヴァイオリンやクラシック以外に目を向けるなんて考えたこともなかったです。目標があるとやる気も出るけど、調子が悪いと心が苦しくなるときも正直言ってありました。
視野を広げると、心も解放されるというよね。まずは常識を疑うこと。自分だけの常識だったと気づいた瞬間から、見える世界は確実に変わっていくよ！
バイアスを外したら、ちょっと気持ちが軽くなったかも！

ここが Point！

- □ **見えない将来を勝手に決めてしまうと、可能性はそれ以上広がらない**
- □ **自分はなぜそう考えているのか、考えの元になる根拠を探してみよう**

見えないライバルを意識しよう

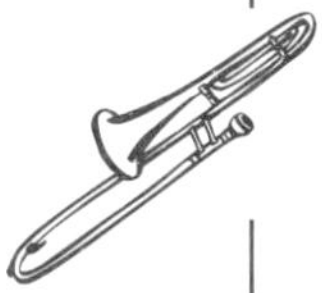

自分の常識を疑い、バイアスが外れると、これまで見えなかった『ライバルの存在』も見えてきます。

音大卒業後の希望進路はフリーランスの音楽家、音楽教室の講師などさまざまですが、単発の仕事や歩合制がほとんどで、収入はどうしても不安定になります。一方、毎月、決まった給料をもらえるオーケストラ団員は憧れる人も多く、人気が高いだけに、当然ライバルも多くなります。

オーケストラの場合、まず、ポジションの空きがほとんどありません。**毎年、音大を卒業する人は大勢いますが、そのタイミングで目指すオーケストラに自分の楽器の席が空いているとは限らないのです。**

たとえば、一人いれば十分なティンパニのポジションに若い奏者がついていたら、その人が別のオーケストラに移籍したり、何らかの事情があって辞めたりしない限り、定年までの40年近く、その席の募集はありません。

また、多くのオーケストラにはオーディションを受ける年齢に制限があります。だいたいは35歳ぐらいまでで、タイミングが合わなければ、練習問題②のように「情熱を注ぎ込む覚悟があっても」オーディションを受けるチャンスすらもらえないのです。

そういう事情を踏まえると、**一つのポジションに希望者が殺到した場合、ライバルがとんでもない数になるのは明らかでしょう。**

ライバルというと、つい同じ大学の同級生を思い浮かべてしまいますが、それもバイアスです。実際には、22歳から35歳まで、同じチャンスをうかがっているライバルが日本中、いや、世界中に散らばっているのです。

クラシックに限らず、ジャズやポップスで身を立てたい人たちにも、見えないライバルはたくさんいます。僕が受ける相談のなかにも、似たようなケースがあるように思います。

以前、若い女性のトランペット奏者で、「Jポップのバックバンドで生活したいと思っているのですが、どうすればいいでしょう」と真面目に相談を受けたことがあります。

大きな夢を描くことは大賛成です。しかし、同じ目標を目指すライバルがどれくらいいるかという現実を知らずに、憧れだけで突き進んでも、そこにたどり着ける確率は限りなくゼロに近くなってしまうでしょう。

そこで、僕が彼女に伝えたことは、次の3つでした。

①ホーンセクション（サックス、トランペット、トロンボーンなど）を使った楽曲を演奏しているJポップのアーティストがどれだけいるか、知っていますか？　具体的なアーティスト名と、わかればホーンセクションの奏者の名前を探してみよう

②そのアーティストたちは、年間に何本ライブをやっているか、調べてみよう（そこに毎

回ホーンセクションが呼ばれているとは限りません）

③ホーンセクションの奏者は、ほかにどんな仕事をしているのか、調べてみよう

今のネット社会なら、ある程度の情報収集はできると思います。すると、「ホーンセクションの音はしていたけど、実はシンセブラスだった」とか、「ライブやツアーの本数は思ったより少なかった」「女性の奏者はその場に呼ばれていない」というような現実がわかってきます。

Jポップの世界もオーケストラに負けず劣らず『狭き門』であること、つまり、それだけライバルが多いことが簡単に予測できるのです。

また、奏者の名前がわかれば、その人のSNSをのぞいてみるだけでも、「この人は、ライブがないときは音楽教室の講師をしてるんだ!?」なんていう実態がわかるかもしれません。そうなると、「夢を追うためには、最低限の生活を維持するための手段を考えなくてはいけないな」という課題も見えてくるというわけです。

僕も、オーケストラ団員に憧れていましたけど、どれほどライバルが多いかまったく見えていませんでした。僕の音大のレベルだと、死ぬ気で練習しても現実はけっこう厳しいですね。僕にはやっぱりプロは無理かな…

だからといって、夢を諦める必要はない。ほかにも好きなこと、やってみたいことはない？ それをすべてやって、なおかつ夢を追い続けることだってできる。選択肢は一つじゃないってことを覚えておこう

ここが Point！

- □ **あなたが目指すポジションは、あなたが思う以上に『狭き門』である**
- □ **夢を現実にするにはどれだけのライバルに勝たなくてはいけないか、調べてみよう**

生演奏の機会が減っていく時代に生き残れるのは誰？

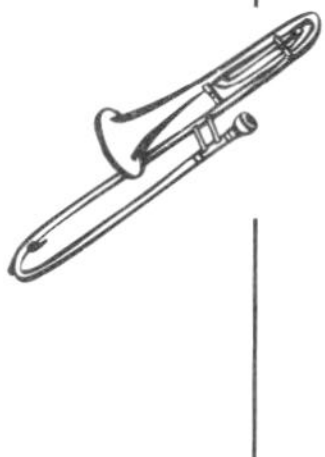

音大を卒業すれば、誰でも「プロの音楽家」として活動することは可能です。

しかし、才能のありなしにかかわらず、かつてと比べると、生演奏の機会は圧倒的に減っています。

その理由の一つにデジタル技術の進歩があります。

CDや音楽デジタル配信などない時代は、生演奏しかありませんでした。ところが今は、「この音源を聴きたい」と思えば、たいていはYouTubeに動画として上がっていますし、お金を払ったとしても、月1000円程度で聴き放題です。

聴く側としては便利でいいのですが、これが意味するのは、「演奏を聴くために高いお金を払う必要がなくなった」ということです。

つまり、生演奏を聴きたいという需要がなければ、仕事として成立しないのです。

テレビの音楽番組でも、アイドルが歌っている後ろにバンドの姿はなく、デジタル音源でカラオケ状態だったり、ミュージカルや舞台を観に行っても、以前は生演奏だったものが、オーディオを再生するだけに替わっていたりします。

デジタル音源の一番のメリットは、制作費や人件費がかからないことです。先ほどの「シンセブラスやストリングス」も、音楽制作の現場でコストカットが必要だったからとも考えられます。その結果、残念なことに、経験を積んだ奏者の姿も、卓越した技術でしか表現できないアコースティックなサウンドも消えつつあるのが現状です。

安いデジタル音楽が主流になり、生演奏がお金のかかる高級品になったことで、次に何が起こるかというと、「報酬の低下」です。**そもそも生演奏の仕事が減っている上に、やりたい人が殺到して、自分から安売りしてしまう人が多いのです。そんな状況を見越して、**

報酬金額をたたいてくる事務所やクライアント（依頼者や依頼企業）もあります。

実際のところ、ひと昔前に比べ、同じ仕事でも提示額が大幅に下がっている現場も少なくありません。

これでは、膨大な時間と努力と多額のお金をかけて音大に入っても、かけたお金の回収すらできないことになってしまいます。

これだけ長い期間、演奏の実力を磨いてきたのですから、ソロコンサートやライブ活動など「演奏家一本」で食べていければそれに越したことはありませんが、それができるのは、生まれながらにして飛び抜けた才能を持つ「天才」と呼ばれるほんのひと握りの人たちだけ。技術的、時代的に難しいなら、気持ちを切り替えて、ほかの仕事も並行してやっていくだけのことです。

今は目の前の課題に追われて毎日を送ることで精一杯というあなたも、「卒業後」に目を向けて、生きていくための手立てを真面目に考えてみてはどうでしょう。

音大を出ても、演奏だけで食べていくのは難しいって聞いたことはあります。でも、自分から縛られるような生き方をする必要もないと思うわ。自主公演など自由に演奏できる仕事をやりながら、音楽教室の講師や、自宅教室で指導するのは、リアルな選択肢かもしれないですよね？

演奏以外の仕事として、指導の仕事は音大卒のみんなにとって生活の大きな柱になると思う。ただし、魅力的な指導者になるにはそれなりのテクニックも必要だよ。これについてはレッスン2で述べるね

ここが Point！

- □ **デジタル技術の急速な進歩もあり、生演奏の機会は減っている**
- □ **現状を受け入れ、音楽のプロとしてほかに何ができるか考えてみよう**

フリーランスはなぜ多面的な働き方がいいのか？

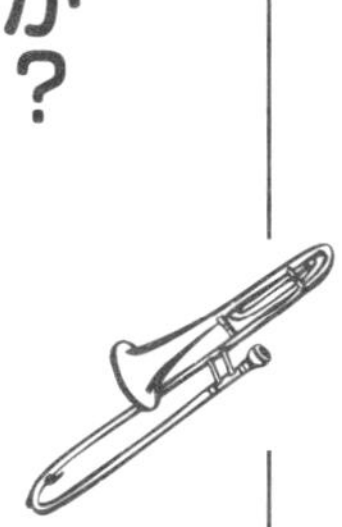

先行きの不透明感が増し、就職しても国が副業を推奨している今、音楽家も同様に、いくつもの異なる仕事を同時にこなす力が求められている時代にみなさんは生きています。
音楽家には音楽家の、副業ならぬ「複業」があり、自分なりの勝ち方を見つけることができれば、漠然とした不安は消えると言いたいですね。

オーケストラや警察、消防、自衛隊などの音楽隊に就職する人、学校の先生になる人、一般企業に就職する人をのぞき、ほとんどの人はフリーランスの音楽家として卒業後の人生をスタートさせることになります。

フリーランスとは、言い換えれば個人事業主です。個人事業主は読んで字のごとく、個

人で事業をする人ですから、親に頼らず、自分の力で毎月安定した売上（収入）を上げる必要がある、と考えてみてください。

すると、たとえば「自分のやりたい本業＝年に数回のソロリサイタルや地道なライブ活動」だけで売上を上げるのは難しい。

そこで、結婚式の演奏、地域や企業主催のイベントでの演奏、レストランバーのBGM演奏、不定期でオーケストラやバンドに出演、楽器店が経営する音楽教室の講師、自宅で音楽教室を開くなど、さまざまな複業をかけもちして収入を得るわけです。

結婚式の演奏やBGM演奏は、たいていの場合、場にふさわしい曲が決まっていたり、先方の好みで選曲の傾向が定まっていたり、演奏時間に制限があったりします。そのため、演奏の仕事といっても、自分で自由に曲を決められるわけではありません。

しかし、自分のやりたい仕事を維持するためには、好き嫌いを言っても始まりません。

だからといって、お金を稼ぐためだけにかけもちするのでもありません。**色の違う音楽の**

仕事を複数持つことで、それが演奏にもいい影響を与え、さらに音楽家としてのプロ意識を育て、社会人としての時間やお金の管理能力が上がるのです。

僕自身は、中学校の吹奏楽部でトロンボーンと出合い、クラシックで音大を目指し、その後ジャズ、ポピュラーミュージックに転向。音大に進学せず、19歳でプロデビューしました。

そして、好きなライブ活動のかたわら、某テーマパークのパフォーマーのポジションを得て資金を貯め、音楽の勉強のため一年間のアメリカ留学を体験。

帰国後は国内外の有名ジャズ、ポップス、ロックアーティストとも多数共演し、大手の楽器店の講師も務め、現在は、奏者や講師だけでなく、音楽ライターやコンサルティングといった仕事にも携わり、会社も経営しています。

人からは、「よくそれだけいろんな仕事ができるね」と驚かれますが、**トロンボーンやジャズの業界とは異なるコミュニティーに属することで新たな人脈ができたり、新しいア**

イデアが生まれたりして、より人生が豊かになったと感じています。

そんな人脈を通じて、今はＮＰＯ法人ネクストステージ・プランニング（以下ＮＳＰ）の音楽ディレクターも務めています。「若い音楽家に演奏などの機会を提供し、職業音楽家を育成する」「生演奏の需要を創造する」「音楽を通して、広く社会で活躍できる人材を育成する」という趣旨のもと、僕自身の経験などを踏まえ、若い音楽家の自立のお手伝いをさせてもらっています。

このあとは、実際に複数の仕事をかけもちしながらフリーランスで活躍する４人の音楽家の事例を紹介します。

藤井先生、ひどーい！ その面白そうなNPOのこと、私に話してくれてないですよね!? 音大生でなくても、NSPに関わることはできるんですか？

もちろん、現役音大生をはじめ、みらいちゃんのような若い音楽家が大勢登録しているよ。演奏家としてだけでなく、スタッフやマネージャーとして裏方の仕事も経験できるから、音大や一般大でも教わらないスキルも習得できると思う。音大で教わらないスキルについては、レッスン3以降で詳しく話すよ

ここがPoint！

- □ **自分の力で毎月安定した売上（収入）を上げるのがフリーランス**
- □ **音楽家ならではの複業を探してみよう**

Exercise（練習問題）③

最初の問題（16ページ）で、Cを選択した方のみ、答えてください。

Cと答えたあなたには、とても幅広い選択肢があると思います。あなたなら、自分のテリトリー以外にどんな複業を加えますか？

具体的に考えてみてください。

クラシック＋ジャズ＋ポップス

可能性が無限大の「フリーランス」という生き方

トランペット奏者・**佐藤秀徳**さんの場合

現在、さまざまなフィールドで活躍中のトランペット奏者・佐藤さんは、小学生から音大に行くと決め、**「オーケストラに入りたい！　プロになりたい！　これしかない！」**と、一浪して東京藝大に進みました。**「30歳になってもオーケストラに入っていなければ、音楽を仕事にするのをやめる」**と親に約束までして上京したそうです。

結果は、**「オーディションはたくさん受けたけど、どれも受かりませんでした」**

ですが、卒業してからもずっと、バイトもせずに音楽だけで生活できていた佐藤さんを見て、ご両親も続けることを納得。30歳で結婚し、三人のお子さんにも恵まれ、今では私生活も充実しています。佐藤さんは学生時代の経験について次のように語っています。

「大学一年生の終わり頃から、定期的に結婚式での演奏の仕事をするようになり、藝大以外の人と接する機会ができたのが大きかった。そこにはフリーランスの方もいらっしゃいました。この時期に出会ったご縁は卒業後も続いていて、今でもいろいろなお仕事をいただく機会がありますね。

自分の出している音でお金をもらうという経験は、早いうちからするべきだと思います。その点で、僕はラッキーでした。また、このことが『自分もプロでやれる』という自信につながったと思います」

卒業後はフリーランスとして活動を開始。そのときにやりたいと思うことすべてに挑戦してきたといいます。「これは自分の目指すことには関係ない」とやろうとしなかったり、あきらめたりするのはもったいないと語気を強めます。そのなかでも特にユニークな経験が、『チャンチキトルネエド』というグループのメンバーだったことでした。

「藝大の作曲科だった友人がつくったグループで、メンバーはクラシックメインの人もいればジャズの人もいました。

クラシックともジャズとも呼べない音楽、しかし何とも言えないすさまじいインパクトがある。今もほかのフィールドの人との交流ができているのは、そのおかげもありますね。このグループの活動は、僕の考え方も変えてくれました」

それは、「音楽は決まりきったことがすべてではない」ということ。

現在、シアターオーケストラトーキョー(Kバレエカンパニー)、横浜シンフォニエッタ、東京金管五重奏団(トーキン・ファイブ)などに所属。『チャンチキトルネエド』のメンバーとして海外公演や全国ツアー、2013年はNHK連続テレビ小説『あまちゃん』、

2019年には大河ドラマ『いだてん』のレコーディングに参加。以降、全国各地で演奏している佐藤さん。2019年には、ギタリスト佐藤紀雄さんとのデュオBarchettaのファーストアルバム「Viaggio」をリリースしています。

最後にフリーランスのよさについて教えてもらいました。

「本当に何でもやりたいことができるし、自分のスケジュールで動けるのが何よりいいですね。僕の場合、いろんなフィールドで活躍している仲間も多く、刺激も受けるし、楽しいです。

今は現実的に、フリーランスが増えてきています。クラシックをやる人のなかには、オーケストラのオーディションに受からなければ道が絶たれるという感じがあるかもしれないけど、そうではなくて、音楽で食べていける方法はいろいろある。それを伝えたいですね」

『あまちゃん』のテーマソング、僕も知ってます！　そのルーツはクラシックでもジャズでもない、新しい音楽の創造だったんですね。それを聞いちゃうと、僕もジャズ、ポップスの勉強しておかなきゃって気になります！
反対に、今、ジャズを専門に勉強している人なら、クラシックにも触れてみるなど、音楽スタイルを限定せずに興味の範囲を広げてほしいな。佐藤さんはまさに、フリーランスの可能性の大きさを僕らに教えてくれる人。学生時代の経験は、音大生みんなにとっても参考になるはずだよ

ここが Point！

- □ **音楽の道で食べていける可能性は無限大にある！**
- □ **学生時代から自分の演奏でお金をもらう経験はしておくべき**

演奏＋指導＋編曲

演奏機会が少ない楽器だから、自分のポジションは自分でつくる

ユーフォニアム奏者・**円能寺博行**さんの場合

ユーフォニアムは、もともとオーケストラにはない楽器で、例外的にしか加わることがありません。吹奏楽でも、日本では三大吹奏楽団といわれる東京佼成ウインドオーケストラ、シエナ・ウインド・オーケストラ、オオサカ・シオン・ウインド・オーケストラと、警察や消防、自衛隊の音楽隊などしかレギュラーの仕事はありません。

そんな珍しい楽器の奏者であり、しかも、そうした楽団に所属するのでもなく、フリーランスとしてプロの生活を送っている東京藝大出身の円能寺さん。ユーフォニアム以外の道を考えたことはなかったといいます。

「ユーフォニアムは知名度も使用頻度も低いんです。最近、『響け！ユーフォニアム』というアニメでようやく知られてきたくらい。ほかの楽器の人と同じ範囲で活動していたら、右にも左にも、前にも後ろにも進めません。ですから、演奏だけでなく、指導の仕事など、いろいろなことをがむしゃらにやってきました。

実は、藝大にいる間は、上の代も下の代もユーフォニアムの学生はゼロだったんです。頼れる先輩もいなかったのでちょっと寂しかったですが、だからこそ、『自分からどこかに入っていかないと』と考えていました。金管五重奏にもユーフォニアムはないので、これまで何曲も編曲して、自分のポジションを自分でつくりました」

僕（藤井）が主宰していた「Hero's Brass」というブラスアンサンブルのグループに、**「自分もメンバーに加えてほしい」**と申し出てくれたこともあります。それも、「自分からどんどん行動していかないと」という危機感があったからだと思います。

また、指導に積極的に力を入れ、お弟子さんを何人も藝大やほかの音大に合格させて実績をつくり、その数を増やしています。

「その子たちのその後の活躍も、僕の実績と言えるかもしれませんね。

また、僕が主催したリサイタルを聴いて、楽屋まで来てくれた学生さんや親御さんから、直接指導を依頼されたこともあります。

自分から行動を起こせば、絶対に何かにつながるんです。

だから、ネガティブに考えないで、まずやりたいことを実現させてみるのが大切です。リサイタルをやりたいなら開いてみる。もしもお客様が入らなかったり、赤字になったら、次は集客やお金のことも考えるようになるでしょう。たとえ失敗したとしても、そこから学ぶことはたくさんあります」

現在は、ユーフォニアム＆バストランペット奏者として、オーケストラ、吹奏楽を中心とした演奏活動を行っていますが、指導者としての活躍の場も広く、東海大学教養学部芸術学科、横浜市立戸塚高等学校音楽コースの非常勤講師を務めるほか、中学・高等学校をはじめとする多くの団体の指導に力を注いでいるそうです。

「やりたいことをとにかくやり続ければ、それが種になる。いつ芽が出るかはわからないけど、いっぱい種をまいておくと、ひょんなところで実るんです。
今、僕が音楽を続けていられるのは、それをやってきたから。特にフリーランスで生き残っている人は、みんなそうやって自分から行動を起こしていると思いますよ」

音楽家のサバイバル術ですね！　結局のところ、待っているだけじゃ仕事はこない。自分から行動しなくちゃ何も始まらないってことが、円能寺さんのお話からもよくわかります
演奏機会の少ない楽器だからこそ、指導に力を入れたというのは、円能寺さんの自己プロデュース力が優れていた証拠。自分なりの勝ち方を見つけたということだね。また、奏者が編曲もできるのは、フリーランスとして大きな武器になると思うよ！

ここが Point！

- □ **フリーランスで生き残っている人は、みんな自ら行動を起こしている**
- □ **やりたいことを実現させよう。失敗しても学ぶことはたくさんある**

複数のサックス＋ジャズ＋ポップス＋ロック＋会社経営者＋吹奏楽団主宰

〝バイリンガルな音楽活動〟で氷山の一点を目指す

サックス奏者・**福井健太**さんの場合

中学生からサックスのプロを目指していた福井さんは、中3のときに恩師の須川展也先生からもらった言葉を今も心に刻んでいます。

それは、**「プロになるのは氷山の一角、ちゃんと演奏家としてやっていけるプロは氷山の一点だ」**というものです。

そのとき須川先生には**「君はこのままアマチュアでやればスターになれるよ」**とも言われたそうです。しかし、福井さんは逆に奮起し、氷山の一点を目指す決意をしました。恩師の出身校でもある藝大に照準を絞り、二度目の受験で合格。

その後は、在学中からプロに交じって毎日のように演奏の仕事をしていたといいます。

「東京・鶯谷の『新世紀』というダンスホールで、30分のステージを6ステージこなして一晩数千円という仕事もやっていました。大学でタキシードに着替えてダンスホールへという生活でした。

その頃はよく先輩方にアドバイスをもらったり、仕事を世話してもらったりしましたね。

『バリトンサックスを持っていると、仕事が広がるよ』

『安くていいから車を買っておけ』

『パソコンの打ち込みソフトは使えたほうがいい』

そうした助言を受けて、実際に打ち込みのカラオケの伴奏をつくったりもしました」

ほかにも、東京佼成ウインドオーケストラをはじめ、今日はＮＨＫ交響楽団、明日は東京フィルハーモニー交響楽団と、在京オーケストラのほとんどにエキストラで出演したそうです。

そんな福井さん、実はクラシックからジャズ、ポップス、ロックまで何でも吹ける「サックスの〝バイリンガル〟になる」ことで氷山の一点を目指していたのです。

「卒業後は、吹奏楽やオーケストラのエキストラのほか、ロックバンドのサポートや、CDやテレビなどのさまざまな録音にも参加するなど、マルチな活動を始めました。よく『サックス界のウィントン・マルサリス（ジャズとクラシックの両分野で活躍している米トランペット奏者）になりたい』なんて言ってましたね。

僕より楽器がうまくても、『器用貧乏になりたくないのでクラシック以外はやらない』と言う人もいると思います。でも僕は、器用貧乏でいいから好きなことをやりたいと思ってきました。自分の好きなこと、楽しいことをやることが、結果的に自信にもつながると思っています」

現在は、奏者としてだけではなく、若い音楽家が低価格でCD・出版物をつくれるシステムを持った音楽制作会社『オンザビート』を運営。**「制作費だけもらうけど、自信があるものを演奏して、全部売り切ってごらん」**と、若い人たちへのチャンスの扉を開いています。

さらに一般財団法人の吹奏楽団『BRASS EXCEED TOKYO』を主宰。年2〜3回の定期演奏会を行って、1000人のお客様を前に、ほかではやらないような演奏をしているそうです。ウェブでも展開しているので、みなさんもYouTubeで探してみてはいかがでしょう。

最後に、プロを目指す後輩たちにアドバイスをもらいました。

「自信を持てることを、自信過剰でも自信過少でもなく、ちゃんとやっていくことが大事です。

特にフリーランスでやっていくには、売り込むことができなければダメで、自分に何が

できるのかをわかってもらう努力が必要です。そのためには、『自分はこんなことができるプロである』と、音や言葉ではっきりと伝えなければいけません。

僕が信じてきた言葉に『好きこそものの上手なれ』があるんですが、どんなに苦しくても、好きであれば乗り越えられると思っています」

みなさんがおっしゃっているように、プロを目指すならやっぱり学生のうちからプロに交じって現場に慣れておくことが、卒業後の仕事につながる秘訣なんですね。それにしても、サックスのバイリンガルってカッコいいなあ。僕もヴァイオリンのバイリンガルを目指したいです!

福井さんのマルチな活躍ぶりには、僕もいつも驚かされている。唯一無二の存在である福井さんを慕うお弟子さんも多いと聞いているよ。のぞむくんがバイリンガルを目指すのは僕も賛成。ただし、福井さんの言う『自分に何ができるかわかってもらう努力』を忘れないでほしいな

ここが Point!

- □フリーランスで食べていくなら、自分で自分を売り込まなくてはいけない
- □「自分は何ができるプロなのか」音や言葉ではっきり伝えよう

シンガーソングライター＋ウェブクリエイター＋スクール講師＋プロデューサー

異業種の組み合わせで人生を謳歌《おうか》

久保田涼子さんの場合

ここまで藝大卒業後、フリーランスとして活躍する音楽家を紹介してきましたが、最後に一人、異色の経歴を持つ久保田さんをご紹介します。

久保田さんは、大学で心理学を学びながらシンガーソングライターとしてメジャーデビューを狙っていましたが、「音楽だけで食べていくのは難しい」現実を受け入れ、卒業後はウェブデザインのスキルを習得。シンガーソングライターとウェブクリエイター、二足のわらじを履いて社会人生活をスタートさせました。

「両方続けることを中途半端だと感じて音楽をやめる選択をする人もいますが、私は、どちらも続けるという選択肢もあると思いました。

音楽以外のスキルを身につけることは恥ずかしいことではありません。自分自身の人間性を深める『経験値』として返ってきますし、音楽自体にも還元されるのではないでしょうか。どちらの業界に呼ばれても、まわりに認めてもらえるような働きができれば肩書にこだわる必要はなく、私自身は、チラシやウェブを自分でつくれる『手に職』を身につけることができて、本当に良かったと思っています」

音楽とは異なる業界に身を置くことで得られるメリットは計り知れないと、僕も思います。音楽以外のスキルを身につけるまではいかなくとも、異なる業界の知り合いを増やしておくだけでも、この先、自分が何かしたいから助けてほしい、何かプロジェクトを立ち上げるからアドバイスがほしいといったとき、力になってくれるはずだと、久保田さんは言います。

そんな久保田さんが考える、フリーランスの心得とは？

「フリーランスだからと、何も知らないまま独り立ちしてしまう人がいますが、フリーランスとは個人事業主なので、まず自分が『事業主』である自覚を持たないといけません。まわりに『確定申告ってなに？』と平気で言っている人はいませんか？ 世の中には知らないがゆえに損をすることがたくさんあるという現実に気づいてほしい。知っていれば『社会的弱者』にならずに済みます。

学生時代の社会感覚を引きずって30代、40代にならないでほしいなと思います。当たり前のことですが、世の中は音楽家ではない人のほうが圧倒的に数が多い。一般市場でお金を生み出したり、動かしたりしている人たちと対等に会話をするには、音楽家サイドにも『一定の社会性』が必要です。

音楽だけに集中する時間も大切ですが、社会性や事業主としての自覚を持つためにも、

異分野の仲間を増やし、さまざまなバックグラウンドを持った人たちと出会うことが、今までの偏った価値観を振り返るきっかけになると思います」

では、音楽関係以外の人脈（ネットワーク）を音楽の仕事につなげるには、何が一番大切なのでしょうか？ 久保田さんは次のように答えてくれました。

「『私、上手に弾けます！ お仕事ください！』と言っても、誰も気づいてくれません。フリーランスとして活躍できるかどうかは、どれだけお互いの立場がWin-Winの人間関係を築けるかどうかで変わってきます。

ただ知り合いが多ければいいわけではなく、一人の人間としてずっと付き合っていける（信頼できる）人、自分の活動をサポートしてくれる人を増やすのがいいのではないでしょうか」

現在は、シンガーソングライターの活動のほかに、WEB制作ナレーター業務『Coco-Factory』の代表や出身スクールの講師を務め、さらにはイベントプロデューサーとしても活躍中の久保田さん。

デザイナーとしての経験を音楽の肥やしにし、自己プロデュースやブランディング（自分らしさを相手にどう見せるか）にも役立てているという久保田さんから学ぶことはまだまだたくさんありそうです。

現役音大生としては耳が痛い話です。よく『音大卒は世間知らずだ』と耳にしますが、自分自身がそう言われないように、今のうちから音楽以外の世界を知るって大事だなと思いました。別の業界の仲間をつくる！これは実践しなくちゃ

今やっているバイトが音楽以外であれば、そこでの人間関係や体験から、社会性を学ぶことや、頼りになる人脈を探すこともできるはず。どんな経験も芸（音楽）の肥やしになると思って、新しい趣味を始めてみるのもいい。そういう『練習以外の時間』を設けることも音楽家にとって大切だよ

ここがPoint！

- □ **一般社会で活躍する人たちと対等に会話するためには、音楽家にも一定の社会性が必要**
- □ **フリーランスはどれだけ良い知り合いがいるかで変わってくる**

Lesson 2

もう一つの目的地の見つけ方

Exercise（練習問題）④

複数の仕事をかけもちする多面的な働き方によって、あなたの生活やスキルはどう変わるでしょうか？

また、肩書をもう一つ増やす意味について考えてみてください。

フリーランスの音楽家とは?

レッスン1では、音大生のみなさんに、「将来の夢や目標を一つに限定しない」「音楽家として自分の可能性を広げることの大切さ」についてお伝えしました。

フリーランスで活躍する4人の音楽家の例からも、仕事を一つに絞り込まないことで、より自由に自分のやりたい音楽活動が続けられ、しかも収入面も安定しそうだということが何となく理解できたのではないでしょうか。

そこで、レッスン2ではもう一歩踏み込み、フリーランスとして活動する際の「複業」について、より詳しく紹介していきたいと思います。

選択肢は大きく4つ。「演奏家」「指導者」「作編曲家」「その他」としました。実際にどんな仕事があるのか、必要条件、その道で得られる喜び、成長ポイントなどについて、僕の経験や音楽ディレクターの立場から、できるだけ具体的にお伝えしたいと思います。
練習問題④（68ページ）にあるように、職種を組み合わせることによって、「自分だったらどんなオリジナリティーが出てくるのか」想像しながら読んでみてください。

選択肢①「演奏家」になる

■イベント会場などで演奏する

現在、演奏家を目指している人にとって、もっとも身近な現場はイベントなどの出張演奏でしょう。

僕が音楽ディレクターを務めているＮＳＰでは、生演奏の現場経験を積んでもらい、プ口として自立してもらおうと、経験が浅い音大生や、若い音楽家たちに積極的に仕事を提供しています。

楽器の組み合わせは、声楽、ヴァイオリンとピアノのデュオ、弦楽四重奏、フルート四重奏、サックス四重奏、木管五重奏、ウインドオーケストラ、サックスとギターとベースのジャズトリオなど、実にさまざま。

曲目もクラシックやジャズはもちろん、ミュージカルナンバー、映画音楽など多種多様で、事前にリクエスト（方向性または指定曲）をいただくことも多いですね。

演奏のパターンも、ウェルカム演奏から、セレモニーのオープニング演奏、歓談中のBGM演奏、ミニコンサートまでいろいろあります。

生演奏の依頼を受けたら、クライアント（依頼者や依頼企業）からの要望とイベントの趣旨、演奏時間をもとに曲を構成します。普段、クラシック、もしくはジャズを専門に勉

強している人にとっては、仕事を通じて別の音楽スタイルに触れられるいいチャンスになるのではないでしょうか。

また、工夫をこらした演奏でお客様の心をつかめば、場の雰囲気をさらに盛り上げることができ、演奏家としての喜びも味わえます。

もともと会場にいるお客様は、みなさんの演奏が目的ではない場合もありますが、たとえば、「リクエスト曲を演奏したときのクライアントの笑顔がとても印象的だった」「BGM演奏だったのに、アンコールをいただいた」「終演後に記念撮影を頼まれた」など、生演奏ならではの感動や触れ合いがあり、そこから第二、第三の依頼をいただくこともあります。

■オーケストラに代役（トラ）として出演する

現役音大生として、オーケストラで人手が足りないとき、エキストラ奏者を経験した人もいるでしょう。

オーケストラの演奏会に出演するのは団員だけとは限りません。外部から招かれて演奏に参加する人は、「エキストラ」の略で「トラ」と呼ばれていますよね。（※ちなみに「トラ」は和製英語で、海外では通じません。アメリカではサブスティテュートと言います）

トラが必要とされるのは、通常の編成には含まれない楽器を使用するときや、正規の団員が乗れないとき、人数が足りないパートがあるときなどです。大編成に備えて団員を多く雇うより、演奏に適した人材をそのつど助っ人として呼ぶほうが、オーケストラの経済事情から言っても助かるのです。

ただし、誰でもトラになれるわけではありません。演奏の腕前はもちろん、オーケストラとの相性も大事になります。そのため、団員からの紹介・推薦というパターンが一般的といわれています。

演奏に関してはそのオーケストラならではのルールなどもあり、慣れないうちは緊張もするでしょうが、オーケストラの一員として、優れた感性を持った何十人もの奏者と音楽をつくる喜びは、やはり何ものにも代えられないでしょう。

練習や演奏会を通じて、そのなかで演奏できる楽しさ、お客様からの温かい拍手など、「音楽家になってよかった!」と思える瞬間が何度も押しよせてくるのではないでしょうか。

■ビッグバンドの一員として、ライブで演奏する

ゴージャスな大編成(約17名)で、ジャズだけでなく、ラテンやダンスナンバーなどさまざまなジャンルで一糸乱れぬアンサンブルや即興演奏(アドリブ)を聴かせるスタイルは、とにかくカッコいい!音大を卒業したらやってみたい仕事の一つではないでしょうか。

僕のプロとしてのスタートもビッグバンドでしたが、ほとんどの場合、オーケストラの

トラの仕事のように知り合いや先輩から声がかかることが多いと思います。

高校時代、偶然にも僕は、「ミスター・ベーストロンボーン」と呼ばれたジョージ・ロバーツ（2014年死去）と出会い、プライベートでも可愛がっていただき、そのご縁で多くの日本の一流ジャズトロンボーン奏者と知り合うことができました。

ジョージはアメリカ西海岸を中心に、ジャズ、スタジオミュージシャンとして活躍した世界的な音楽家です。フランク・シナトラのバックバンドやハリウッドの映画音楽には欠かせない人物で、彼との出会いは、それまでクラシック一辺倒だった僕の音楽人生を完全に変えた出来事でした。

高校生のとき、ジョージから手紙で「この店においで」と言われて行ったライブハウスでいきなりジョージに紹介され、そのままステージに上がってジョージと一緒にセッションしたのは強烈な思い出です。その手紙には「ここで一緒に吹こう」と書いてあったのですが、当時の僕の英語力では理解できなかった（笑）。実は、そのお店はプロのトロンボーン奏者御用達で、マスターもスタジオミュージシャン。その日はジョージ・ロバーツがくるということで日本中のプロのトロンボーン奏者が集まるなか、謎の高校生が突然吹き始めたので、みなさんの記憶に残っていたようです。

その後、現場や飲み会で、「あのときの高校生だよね?」と声をかけられることが増え、自然と仕事につながっていきました。

僕の場合は音大にも行かず、コネもありませんでしたから、自分から接点をつくるしかありません。

ジャズの勉強も兼ねて有名大学のビッグバンドサークルに参加し、そこで培ったスキルや人間関係も仕事につながりました。

プロのビッグバンドで、クラシックのオーケストラのように給料制のところはもうありません。ライブごとにいろいろな人が招集され、事前に1、2度、もしくは当日にリハーサルをやって本番という流れで、まさにその場のセッションを奏者もお客様も楽しむのが一つの醍醐味。その分、ジャズやポップスをやる人たちはもともと人に垣根をつくらない、気さくな人が多い印象です。

僕の場合は、現場を通じてプロの技術はもちろん、少しずつ場の空気や音楽のノリに慣れていった気がします。

■アーティストのサポートミュージシャンになる

アーティストのバックで演奏する「サポートミュージシャン」に憧れる人は多く、**ポップスやロックが好きだという人にはぴったりの職種の一つだと思います。**

僕自身はこれまで、矢沢永吉さん、ハウンドドッグさん、大塚愛さん、関ジャニ∞さん、渋谷すばるさん、ナオト・インティライミさんといった、Jポップ、ロックアーティストや、北島三郎さんや八代亜紀さん、小林幸子さんなどの演歌歌手のサポートミュージシャンとして、ツアーやライブ、紅白歌合戦などのテレビの収録にも参加させてもらいました。

サポートミュージシャンとしての醍醐味は、日本武道館、東京ドームをはじめとする5大ドーム、アリーナなど、ライブハウスや小さなホールでは考えられない観客を収容できる場所（東京ドームは5万人）に立てることではないでしょうか。

普通なら客席やテレビでしか見られないアーティストと同じステージに立っている快感。そのステージから大歓声をあげてくれる客席のお客様を見ていると、（自分に向けたものではないとわかっていても）さすがに鳥肌が立ちます。

演奏家はやはり多くの人に自分の音楽を聴いてもらってなんぼの職業ですから、「ステージ側にいたい」という願望が本能的にあります。サポートミュージシャンはその想いを十分に満たしてくれる仕事だと思います。

また、浜崎あゆみさんのバックには必ず元ジャニーズでギタリストの野村義男さんがいるように、アーティストから指名され続ける存在になれば、「あの人のバック」という立ち位置がステータスになります。

同じ華やかなステージでも、**「ギターが必要」だから呼ばれるのと、「あなたが必要」と言われるのとでは大きな違いがあります。「ギターが必要」ならギターの音がしていればいいのですから、それは自分でなくてもいい。いつ切られてもおかしくありません。でも、「あなたが必要」なら長く仕事が続けられます。収入面だけでなくモチベーションも上がると言っていいでしょう。**

演奏以外のメリットとしては、アーティストの素顔を垣間見られることもあげられます。矢沢永吉さんはロックという、昔でいえば「不良の音楽」をやっているからこそ、「一人の社会人として恥ずかしくないふるまいをする」ことや「ビジネスとして成功する」ことを徹底されていますし、常にお客様を第一に考えたステージングがとてつもなくカッコよく、絶対に手を抜きません。また、アイドルは実は謙虚な人が多く、裏で人一倍努力している。そういう一面を見て、尊敬・感動してしまいます。彼らとの共演で得たものは計りしれません。

■スタジオミュージシャンになる

スタジオミュージシャンとは、アーティストのCD、CM・ドラマ・アニメ・映画・ゲーム音楽、ミュージカル・芝居の音楽などの収録のためにスタジオに入り、レコーディングを生業《なりわい》にして収入を得ている人のことです。

スタジオミュージシャンは、その場で譜面を渡されてもすぐに演奏できる「初見能力」に加えて、クラシックからジャズ、ポップス、ロックなど、さまざまな音楽スタイルに即座に対応する技術が求められます。

もっとも高い技術力が必要な仕事のため、何でもできる人は重宝され、それだけ報酬（時給）も高くなります。**プロ中のプロの仕事と言っても過言ではありません。なかには、複数の楽器を操るマルチプレイヤーもいて、それだけ依頼される仕事も多くなります。**

CMやアニメのなかで、みなさんも気がつかないうちにたくさんのスタジオミュージシャンの演奏に触れているかもしれません。

僕も、大黒摩季さん、及川光博さん、関ジャニ∞さんといった方々のCDレコーディングや、CM音楽などでスタジオミュージシャンとしての経験があります。

要求されるレベルは低くはありません。まず、何をやるかわからず現場に行って、初見で演奏して録音で残るわけですから、**毎日、違うスタイルの音楽を演奏し、高い要求に応えることが面白い、商業音楽のなかで自分の音が使われることで収入を得たいと考えている人には向いている仕事だと思います。**

ちなみに今はデジタル音楽の台頭により、昔より明らかにレコーディングの仕事が減っているので、スタジオでしか仕事をしない人より、アーティストのサポートミュージシャンや、自身のライブ活動などもやる人が増えている傾向にあります。

■テーマパークのパフォーマーになる

レジャー施設の代表とされるテーマパークで、突然始まる本格的なマーチングのショー。これを目当てに施設を訪れるという人もいるほどです。各施設のテーマとぴったりの衣装に身を包み、息の合った演奏とパフォーマンスでお客様を惹きつけるメンバーたちに、テンションが上がる人もいるでしょう。

こうしたテーマパークのバンドで使用される楽器は主に、サックス、トランペット、トロンボーン、クラリネットなどの吹奏楽器やドラムなどの打楽器。シンガーの仕事もあります。

僕は2002年から2年間、某テーマパークの吹奏楽バンドに、アメリカ留学から帰国した2006年から1年間、姉妹テーマパークのバンドに属していました。

一般のお客様に楽しんでもらうことの大切さを学ぶまたとない機会をいただいたと思っ

ています。

2つのテーマパークは「パーク内すべてが舞台」という考え方にのっとっていましたが、演奏はもとより、MC（司会）、振り付け、コスチューム、曲の長さ、選曲の重要性など、さまざまな要素が絡んでショーがつくられています。

そのショーに自分が参加し、リハーサルからショーをつくり上げていくなかで、演出家、振付師、ダンサーなど多くの人が絡んできて、エンターテインメントの世界を知ることもできました。

単に「クラシック、ジャズをやっています」というより、関わっている人たちが多様であることによって、職業音楽家、アーティストとして物事がより多面的に見えるようになったというのでしょうか。また、「プロデューサーとしての目線」を養うことができたと思っています。

テーマパークの組織に属することで、オーケストラのように毎月決まった給料をもらう「サラリーマン的な生活」を経験し、社会性を学ぶこともできました。

ただ、自分自身はここに骨をうずめるつもりはなく、あくまで通過点と考えていたので、同時進行でパフォーマンスの空き時間に作編曲や楽譜作成ソフトを独学で勉強したり、ショーのない夜やオフ日はビッグバンドに出演したり、レコーディングに参加したりと、音楽家としての広がりを模索していました。今思えば、この期間は自分にとって大事な「充電と成長の期間」でもあったと思います。

エンターテインメントに興味がある人や、ある程度まとまった収入を得ながらこれからの音楽家人生を考えたい人にとっては、非常に良い職場であると思います。

演奏する仕事だけをとっても、こんなにいろいろな種類があるんですね！ヴァイオリンなら、オーケストラのエキストラやイベント演奏だけでなく、アーティストのツアーサポートやスタジオミュージシャンの選択もできるのか…
もちろん、これがすべてではないよ。若いうちは、チャンスさえあればいくつでもチャレンジしてみよう。やってみて損はない。ほとんどの人はこれらの仕事をかけもちしていることにも気づくはずだよ。そのなかで、自分に向く仕事がきっと見つかるよ！
ハードルは高そうだけど、気持ちよさそうだなぁ！

ここが Point！

- □ **自らがメインのアーティストとしてステージに立たなくても、お客様に演奏を届ける仕事はたくさんある**
- □ **演奏にまつわる人気の職種を知って、チャレンジしてみよう**

選択肢② 「指導者」になる

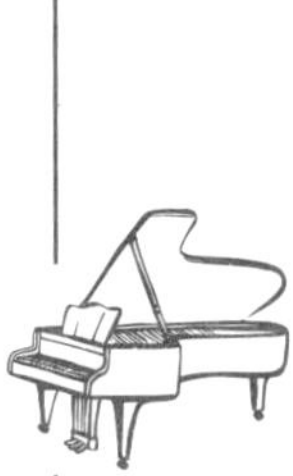

■音楽教室の講師になる

自分が学んできた音楽のスキルや楽しさをほかの人に伝える「指導者」という仕事は、音大卒の音楽家が選ぶ仕事の筆頭候補ではないでしょうか。

ヤマハ音楽教室、カワイ音楽教室など、ブランド力がある大手音楽教室の講師になれれば、自身に宣伝力がなくても生徒さんが集まりやすく、収入を得やすい仕事環境といえるかもしれません。マージン（手数料）は取られますが、レッスン会場や備品、カリキュラムが用意されていることも多く、講師の負担が少ないこともメリットでしょう。

また、楽器店と直接契約を結ぶ、というパターンもあります。

僕自身は、アメリカ留学から帰国し、再びテーマパークのパフォーマーを務めたのち、ヤマハ音楽教室の講師になりました。

ヤマハの場合、初心者、アマチュアの大人の生徒さんが圧倒的に集まります。トロンボーンコースにはテキストやカリキュラムがありましたが、自ら開講したビッグバンドコースにはそれがなかったので、効率的に質の高い練習ができるようオリジナル教材をつくり、レパートリーの楽曲も生徒さんのレベルに合わせてたくさん編曲しました。

すると、楽しみながら上達する人が増え、最初は音楽教室のブランド力を安心材料に通っていた生徒さんが、いつの間にか僕という人間を信頼して習いにきてくれるようになったのです。 それが個人教室として独立するきっかけや自信になりました。大手と差別化し、オリジナリティーを出せれば、個人経営でも十分に収入を得ることは可能になると思います（個人教室についてはのちほど触れます）。

もう一つ、大人を対象に個人レッスンをしていると、いろいろな職業の人と会えるのもメリットだと思います。レッスン1でも触れましたが、異業種の方との出会いは、音楽家同士では学べない社会性や、好奇心の欲を満たすことができるのです。

なかには自分の父親くらいの年齢の経営者もいて、人生の大先輩に対して普段はこちらが教える側なのですが、レッスン後の食事や飲み会では、経営者の視点や哲学など、当然こちらが学ぶ側になります。

人生のお手本から教えを請うことも、自分の成長のために必要なことだと思っています。

■吹奏楽などの部活動の指導者になる

管打楽器の人は吹奏楽部出身の人も多く、母校や音大の先輩とのつながりで、吹奏楽部の指導の仕事を得る人も少なくありません。ただし、**「自分は音大を出ているから大丈夫。やれる自信がある」という甘い認識で取り組むと、あとから痛い目を見ることもあります。**

たとえば、フルートを専攻していたクラシックメインの人が吹奏楽の指導を頼まれたとします。

・正しいリズムで演奏できているか

・曲の構成を理解しているか

・各パートのバランスは正しいか

といった指導はできると思いますが、**吹奏楽の定期演奏会などでは必ずと言っていいほど、ジャズや映画音楽などのポピュラーミュージックを演奏します。ノリやニュアンスなどにおいてクラシックとは異なる場合があり、音大でクラシックしか学んでいない人は、それらを的確に指導することができません。**

もちろん指導だけでなく、今後の演奏活動の幅を広げるためにも、積極的にほかのジャンル、スタイルも学ぶことをおすすめします。

僕自身はトロンボーン奏者ですが、サックスも多少演奏できるようにしました（これは、あとで触れる作編曲のスキルアップにも役立ちます）。初心者には特に、口での説明よりも、やはりお手本を見せてあげるのが一番です。金管楽器はもちろん、木管楽器の方も安心して習いにきていただけるよう準備しています。

ちなみに僕は、「日曜日を同じ趣味の仲間と過ごせる社会人ビッグバンド教室」「月曜日の昼間の空き時間を有意義に過ごすためのママさんブラスのようなアンサンブル教室」を埼玉県の大宮で開講しています。ＮＳＰとも提携し、スタッフの希望者は実際のレッスンに参加することができます。ジャズの指導風景に触れたり、異業種かつさまざまな世代の方との交流を通じて、将来の役に立ててもらっています。

■個人で音楽教室を運営する

音大を卒業して（もしくは在学中から）、誰でも気軽に始められるのが、自分で運営する音楽教室です。

僕の場合は、自宅とは別に、自分が練習するスタジオ兼レッスン室として防音設備の整った部屋を借りています。

広告宣伝や設備投資は自分でやらなくてはいけませんが、ある程度生徒さんが集まれば、音楽教室などを介さない分、マージンなしで生徒さんのレッスン料がそのまま収入になるメリットがあります。マージンがないということは、同じ収入を得るための時間が少なくて済む＝その分、自分の時間を確保できるとも考えられるわけで、練習時間を増やしてスキルアップにつなげたり、仕事自体を増やし、さらなる収入アップにつなげることも可能になります。

人に教えることで、自分の演奏も向上します。指導者は生徒さんの演奏を論理的に分析し、言葉でわかりやすく説明する必要がありますが、そのとき自分自身の演奏も振り返り、見直すことで上達につなげることができるのです。

これは僕が常に意識していることですが、生徒さんをただの収入源として見るのではなく、人として真剣に付き合うことが大切だと思っています。

それからもう一つ、「演奏の仕事が上、指導は下」というような優劣をつけないこと。レッスンを生活のためのアルバイトだと考えている（二の次だと考えている）指導者を生徒さんは信用しません。

演奏と同じモチベーションでレッスンに取り組むことが、結果的に指導者としても、演奏家としても、そして何より一人の社会人としても、充実した社会生活を送ることができる秘訣ではないかと思います。

藤井先生の言ってること、よくわかります！私が藤井先生を信頼しているのも、私たち生徒を上達させるためにどれだけ真剣に考えてくれているか、ちゃんと伝わっているから。それに、藤井先生が吹いている姿はやっぱりカッコいいので、ライブにも行きたくなります！

うれしい言葉、ありがとう。教えることである程度収入を得られると、演奏活動をやめ、指導に専念してしまう人もいるけど、教えながら並行して自主企画のライブやアーティストのツアーサポートなどをやることで、『こういうステージに立つ先生なら習ってみたい』と思ってくれる生徒さんも増える。自分がもっとうまくなりたい、伸びたいと思う人ほど、自分も生徒さんも成長し続けていけると思うね

ここが Point！

- □ **人に教えることで、自分の音楽的スキルも向上する**
- □ **多種多様な人と接することで、コミュニケーション能力や社会性が向上する**

選択肢③「作編曲家」になる

演奏家以外の音楽家の仕事として、作編曲があります。作編曲の仕事は、作曲科を出た人だけのものではありません。

もちろん、ゼロから曲をつくったり、編曲するときの技術や知識は必要です。

僕は独学ですが、少しずつ書きためたオリジナル曲をライブやCDで発表したり、生徒さんのレッスンに使ったりしています。また、テーマパークのパフォーマーをしていた時期、同時進行でよく作編曲を頼まれていました。

演奏家は完成した曲の譜面をもらい、忠実に演奏するのが仕事であるのに対して、作編曲の場合は、「今回のショーはこういう演出を考えていて、こんな場面が出てくるから、

そこに合う曲を書いて（作編曲して）ほしい」というように、かなり初期段階からショーやイベントにかかわれる〟ことがすごく面白いと僕は思っています。

演奏家としてだけでは得られない世界がまた一つ広がった感じがしました。そのテーマパークの場合、自分自身もバンドのメンバーだったので、内部の奏者のこともよく知っています。「この人が吹くならここまで音が出るな」「ここはテクニックが必要だけど、あの人ならできる」というように、バンドが持っているポテンシャルを最大限引き出す努力をしました。「さすが、藤井くんはメンバーのよさをわかっているね」と言ってもらえるのは大きな喜びであり、やりがいにもつながりました。

その当時、施設から見える青い海と空をイメージしてつくった『Blue Breeze』という曲があります。その後、アメリカ留学した際に、４人のソリストと80人近いトロンボーンアンサンブル、リズムセクションで演奏し、好評を博しました。

このイベントに参加していたテキサス大学の教授が「ぜひこの曲を自分の学校のアンサ

ンブルでも演奏したい」と言ってくださり、楽譜を差し上げたのですが、アメリカだけでなく、コスタリカやブラジルでも演奏されたそうです。のちに「スタンディングオベーションだったよ、ありがとう！」とうれしい言葉をいただきました。

23歳のときに書いたオリジナル作品が海を渡り、世界各国で演奏されたのは良い思い出ですし、この教授とは今でもお付き合いがあります。

ちなみに、作編曲する人にとって、パソコンで譜面を書くことは当たり前の時代だと思いますが、クラシックやジャズの世界ではいまだに手書きの人、アナログな人が多い印象があります。音大を出て、音楽で仕事をしようと思うなら、パソコンで譜面を書くのはもはや必須とも言える技術の一つです。僕が経験した編曲の仕事も、手書きしかできないようでは絶対に依頼はきていません。

僕はフィナーレというソフトを使っています。このソフトを自分で購入すると5万円以上と、決して安いものではありませんが、投資するだけの価値はあると思います。音大生なら「アカデミーパック」を利用する手もあります。学生、教育関係に関わっている証明があれば、3万円台になります。廉価版なら1万円台からあります。シベリウスというソフトを使っている人もいますし、今後はｉＰａｄなどのタブレットでも作成できるアプリが普及してくるかもしれません。

たしかに藤井先生にはオリジナルの教材がたくさんあります！　こうやって実践で学んでいたんですね!?　私もやってみたいです。テーマパークでも編曲をやっていたなんてすごい！　自分のアレンジした曲をバンドのメンバーに演奏してもらうとワクワクしますね

それが編曲の醍醐味だね。作編曲の仕事もまた幅広く、ここにあげた例はもちろん、アーティストや歌手への楽曲提供、CM、ゲーム、ドラマ・映画のBGMなどたくさんある。また、イベント演奏で、誰もが知っているクラシックの名曲をポップなスタイルにしたり、結婚式のシーンによって曲の印象を変えるなど、編曲の技術を持っているとレパートリーも広がり、重宝される音楽家になれるよ

ここが Point！

- □ **作編曲ができると、譜面通りに演奏するだけではない世界が広がる**
- □ **編曲の技術があれば、自分の演奏・指導の仕事にも生かすことができる**

選択肢④その他

■海外アーティストの通訳になる

海外からリサイタルやコンサートのために来日したアーティスト、ミュージシャンの通訳を務められる人は、そう多くありません。

外国語が話せたら、通訳としてどこでも通用するかといえば、そうではありません。音楽の専門的な話や共演するアンサンブルとの意思の疎通となると、通訳の知識だけでは追い付かず、本意を正しく伝えることがとても難しいのです。

それができるのが、みなさんのような現役の音楽家です。

特に同じ音楽スタイルであれば、音楽用語はもとより、曲の解釈、演奏法など深いところまで理解が及ぶはずですし、音楽史や作曲家のバックグラウンドなども含めて日頃から勉強しているわけですから、あとは相手に合わせて自分の引き出しにあるものを生かせばいいだけです。

さらに、**留学経験があれば語学力もそれだけ高くなり、言葉だけでなく日本の文化や習慣との違いも考慮して通訳できます。**

僕自身も、来日したトロンボーン奏者のプライベートレッスンや雑誌のインタビューなどで通訳の仕事をした経験があります。アメリカで一年過ごした程度の英語力なので、本格的なものはお断りしていますが、まったくしゃべれない人がレッスンを受ける際に、少しサポートをするといったことは今でも時々あります。

また、自分のライブにゲストで海外アーティストを呼んだときや、アルバムの制作で友人のアメリカ人トロンボーン奏者たちにサポートを依頼した際も、生きた英語を学んだ経験が役立ちました。

これからはもっとグローバルな時代がくるので、通訳を仕事にするかどうかは別にして、「語学力」はとても大切になってくるでしょう。

「芸は身を助く」といいますが、覚えておいて無駄なことは何一つありません。

■音楽ライターになる

音楽ライターとは、音楽雑誌や新聞などの有料媒体、フリーペーパー、ウェブサイトなどから依頼され、音楽評やコンサート評を書いたり、アーティストのインタビューを行って文章で魅力を伝えたりする仕事です。

今は誰でも自分の書いた文章を発信できる時代ですが、**音楽を専門に勉強した人が書く**

記事と、聴くのが好きで音楽に詳しくなった人が書く記事とでは書く視点や表現も違ってくるはずで、よりオリジナリティーが要求される仕事だと思います。

僕も音楽ライターを仕事の一つとしていますが、難しいのは、媒体によって書き分けが大事になってくるところでしょう。たとえば、ウェブは音楽にあまり詳しくない不特定多数の人が目にすることを前提に、なるべく専門用語を使わず、初めてその音楽に触れる読者にも読みやすいよう工夫しなければいけません。

インタビューの仕事は聴き手である自分も楽しい反面、しっかりとした準備も仕事のうちです。

ニューアルバムのリリース・インタビューであれば、事前に音源を聴き、自分なりの感想をまとめておきます。また、過去のアルバムやインタビュー記事もチェックし、想定質問を考えます。それをやっておかないと、現場で話題に詰まったり、話がふくらまなかったりして、結局はいい記事（＝オリジナリティーを感じる記事）が書けません。

コンサートやライブのレポートであれば、早めに行って会場の雰囲気なども心に留めつつ、用意されたセットリストやプログラムに思いついたこと、感じたこと、MCがあればその内容などをどんどんメモしていきます。

ただし、その場の興奮や感動といった「ライブ感」をそのまま記事にしようとすると、一人よがりでかえって面白くありません。アーティストのこれまでの実績（事実）を伝えつつ、ちょっと目線を引いて、ライター独自の見解や分析を述べることが大切です。

この仕事をしていると、自分の憧れのアーティストとの対面も夢ではありません。演奏家を目指す人にとっては自分の勉強にもなり、文章が得意なら、ある意味「天職」になるかもしれません。

もちろん、音楽ライターとしての一歩を踏み出すためには、「自分で書いた」実績をつくっておくことが必要です。ブログやTwitter、Facebook、InstagramなどSNSを使ってどんどん記事を発信しましょう。

■音楽以外（カメラマン、デザイナー、派遣社員など）

音楽に関係ない仕事に就くことは考えられないという人は多いでしょう。

音楽以外の仕事に就いたとしたら、「今までやってきたことを否定するように思える」「今までの努力が水の泡になってしまう」「大金をかけてくれた親に申し訳ない」と感じてしまうかもしれません。

しかし、**たとえ音楽の仕事に就いたとしても、社会の一般常識はずっとついて回ります。「時間、期限を守る」「電話、メールの返事は早く返す」「コミュニケーション能力を磨く」「謙虚さや感謝の気持ちを持つ」「自己管理を徹底する」といったことが身についていないと、社会人としていい仕事ができないのはもちろん、まわりに迷惑をかけ、信頼をな**

くしてしまいます。

僕も、テーマパークのバンドに入るまでは音楽以外の仕事をたくさんやりました。アルバイトという形ですが、スーパーマーケットで品出しの仕事をしたり、コンビニで働いたりした経験が今の音楽の仕事にも生きています。

レッスン1で紹介した久保田さんのように、ウェブクリエイターの仕事とシンガーソングライターを両立させる選択は、みなさんにも十分当てはまると思います。

たとえば、**NSPにはフリーランスのサックス奏者とカメラマンを両立させている女性スタッフもいました。**

彼女はもともと一眼レフカメラが趣味で、友人に頼まれ、プロフィール写真やコンサートの写真を撮ってあげていたそうです。口コミでその数は日を追うごとに増えていきました。**なぜなら、彼女自身がサックス奏者なので、音楽家をどのように撮影したら見映えがいいか、熟知していたからです。**

僕もこれまで何人かのプロカメラマンと仕事をさせていただきましたが、カメラそのものの技術は高くても、コンサートの写真がやや平面的だったり、奏者（僕）を楽器の構えなどのいい角度から撮れていなかったりというマイナス要素がありました。その点、彼女の写真のほうが、音楽家らしさが全面に出ていて、音楽に詳しくない人が見てもその良さを引き出せていると感じました。

彼女は、「音楽」×「カメラ」という2つのスキルを掛け合わせることで、音楽の分野ではプロカメラマンにも勝てる写真が撮れることを証明してみせてくれたのです。

音楽以外のスキルがあることの利点は、ほかにもあります。

先ほどの彼女の例でいえば、カメラの腕を認められて音楽の仕事を紹介される。反対に、音楽の仕事からカメラの仕事が舞い込むこともあるわけです。

音楽もカメラもプロというのは、貴重でレアな人材ですから、それだけ付加価値が高まり、仕事の幅を増やせる可能性が高まります。

もちろん、特殊なスキルや才能がなくても、一般企業の派遣社員、契約社員などで安定した収入を得て、音楽活動と両立させるのもいい選択だと思います。

社会人として働くことで身につくのは一般常識だけではありません。音大では教えてくれない市場経済の流れや流通・サービスのしくみ、経営のノウハウから、上司と部下の人間関係まで学ぶことができます。それを個人で開く音楽教室のレッスン指導やレッスン料の管理、生徒の親御さんとのコミュニケーションに生かすこともできるでしょう。

また、フリーランスの仕事にも必ずいい影響を与えると僕は思います。

どんな仕事も人と人とのつながりがあり、信頼関係で成り立っています。特にフリーランスは人づてに仕事が舞い込むことのほうが多いものですよね。誰でもいいから紹介するのではなく、人として信頼できるから紹介したくなるのです。

社会経験を積むことで、礼儀やマナー、人との適度な距離感をわきまえた人材は、音楽業界にとっても値打ちのある人材になれるはずです。

最近は、音大を出て一般企業に就職する先輩も増えてきました。そういう選択肢があるのもわかるけど、僕はまだそこまでは考えられないかな…。ただ、音楽以外の仕事で社会経験を積むことは大事だと思います
一般大学でも、法学部に入ったからといって、全員が法廷で活躍する検事や弁護士にはなれないよね。むしろ一般企業に就職する人のほうが多いことを思えば、必要以上に音楽以外の選択をすることへの罪悪感、後ろめたさを感じることはないと僕は思うよ

ここがPoint！

- □ **音楽にまつわる周辺の仕事、あるいは音楽以外の仕事を同時進行でやっていくのも選択肢の一つ**
- □ **演奏・指導以外の仕事も視野に入れよう**

Lesson 3

プロとして信頼される人になる

Exercise（練習問題）⑤

プロとして信頼され、繰り返し仕事の依頼をもらうためには、何を準備し、何を心がければいいでしょうか。
また、自分がコンサートやライブを企画するとしたら、お客様に「また来たい」と思っていただくために、どんな心構えが必要でしょうか。

プロ意識について、それぞれイメージしてみてください。

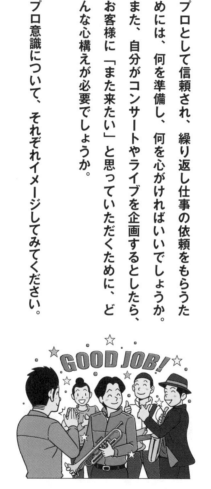

演奏の現場に呼ばれたときのマナー

レッスン2で、音楽家の複業としてさまざまな選択肢があることをお伝えしましたが、あなたが気になる仕事はあったでしょうか。

さて、レッスン3からは、いよいよ実践編です。たとえば、クラシックの演奏を聴きに行ったとき、演奏中は静かにする、曲の最中の出入りはしない、携帯電話の電源をオフにする、撮影・録音をしないなど、いくつかのマナーがあると思います。それと同じように、演奏する側のマナーがあるはずです。レッスン3では、お金をいただく以上、気をつけなければいけない事柄について、僕の体験をもとにお話ししていきたいと思います。

マナー1 メンバーに迷惑をかけない&周囲から学ぶ

僕のプロとしての初仕事は19歳のとき、先輩から誘われたビッグバンドでした。そのときはスタートラインに立っただけでしたが、トロンボーンを吹くことがとにかく楽しかった僕は、夢がかなったというか、単純に「初めてプロとしてステージに立つんだ!」というワクワク感でいっぱいでした。

「お金をもらいながら勉強できる!」といううれしさも大きかったですね。音大に行かなくても、実践訓練を積みながらプロでお金を稼げたほうがいいという感覚がありました。

そうはいっても、駆け出しの自分とほかの出演者とのレベルの差は歴然です。

もちろん、プロとしてお金をいただく以上、まわりに迷惑はかけられません。

それで僕がどうしたかというと、事前にセットリストを聞き、当時はYouTubeも、音楽ダウンロード配信サイトもなかったので、すぐCDを買いに走りました。欲しい曲が1

曲だったとしても、「これも投資だ」と何枚もCDを手に入れ、ギャラをオーバーしてしまったことも1度や2度ではありません。

また、編曲されたものであれば、原曲をわざわざ探して勉強することもありました。毎回、全曲買えるわけではありませんでしたが、「この曲だけはちゃんと聴いておこう」と思うものは探して聴きましたね。

ビッグバンドは当日のリハーサルのみで本番ということも多いのですが、リハーサルから本番の間に数日あったとしたら、音源を聴いて練習・復習するのは、新人として当然やるべきことだと思っていました。

そして、事前の練習に時間をかけただけのことはあったと思います。一流のプロの奏者であれば、譜面を見てパッとできることでも、昨日今日プロになったばかりの僕らには時間がかかる。でも、それがわかっているなら事前練習をすればいいだけのことです。

技術的に問題なく演奏できる、譜面を間違えずに演奏できるというのと、音楽的に上手

く演奏できるのはまったく別です。それがプロとアマチュアの差であり、今、プロで残っている人たちは、「自分はこれだけ練習した」と表に出さないだけで、みんな陰で必死に努力していると思います。

また、その努力はまわりの先輩たちにはよく見えているものです。

マナー2 時間を守る、約束を守る

時間通りに決められた場所に行く、約束を守る。これは言うまでもないことであり、プロとしての最低条件です。

これはまた、何の実績もない19歳の僕でも先輩方と同じようにできること。時間を守るなんて、楽器の練習をして上手くなるよりずっと簡単です。その時間に行けばいいだけなんですから。

僕がテーマパークの仕事をしていたとき、本番に穴を空けないにしても、入り時間に何度も遅刻していた人は、翌年、契約更新ができませんでした。事実上の解雇です。

また、ツアーサポートの仕事で、早朝の新幹線や飛行機の待ち合わせの際、何回か乗り遅れた人がいましたが、その人は演奏より「遅刻する人」という印象のほうが強く残っています。地方へ行くと、メンバーで美味しいものを食べに行ったり、お酒を飲む機会も増えますが、この奏者は夜遅くまで盛り上がり、翌朝の集合にもよく遅れていました。

僕は今、音楽ディレクターで奏者を呼ぶ側の立場でもありますが、演奏が上手くても、こういう人に声をかけるのはためらいがあります。遅刻するかもしれない人より、時間を守る人を呼ぼうと思うのは、ごく自然なことだと思います。

音を出しているときだけ金銭が発生しているのではなく、拘束されている時間のすべてが仕事だという認識が必要なのです。

前述したスタジオミュージシャンの場合、遅刻は絶対許されません。

スタジオの仕事は一発勝負。しかも、レコーディングのスケジュールはコンサートなどと違って時間が押す（遅くなる）こともあれば、巻く（早くなる）こともあります。時間がある程度早まっても対応できるよう、最低でも1時間前にはみんなスタジオ入りしていました。

特に車で楽器を運んでくる人は、道路の渋滞や、近くの駐車場が空いていなかったなど、言い訳になりません。それを見越して早めに出発し、2時間前に到着する人もいました。

報酬の高い現場というのは、それだけ演奏以外においてもプロ意識が高い人が集まる現場ということでしょう。

僕は19歳でスタジオミュージシャンの仕事も経験したのですが、「この現場では誰も遅刻しないんだな」とわかり、さらに身が引き締まりました。

「自分は遅刻なんてしない。大丈夫だ」という人もいるでしょう。

ところが、急に具合が悪くなったり、熱が出たりすると、「現場に行けない」という別の問題が出てきます。

仕事のキャンセルは、当然のことですが共演者や関係者に多大な迷惑をかけます。すでにリハーサルも終了している仕事で、現場マネージャーがあわてて代役を探している光景も何度か目にしています。

もう気がついたかもしれませんが、時間を守る、約束を守るとは、健康管理を含めた自己管理を徹底し、「信用を管理する」ことなのです。

僕も若い頃はまだ収入が少なく、ファストフードやカップ麺で食事を済ませたり、編曲の仕事で徹夜をしたりで、風邪をひくこともたびたびありました。無理がたたって、一度だけ、ステージに穴を空けたこともあります。そのとき、代役を務めた人が僕よりいいと上が判断すれば、僕はその仕事を失っていたでしょう。

フリーランスで仕事をする場合、「自分の代わりはいくらでもいる」ことを忘れてはいけません。

マナー3 連絡がきたらスピーディーに対応する

仕事の依頼には素早く返事をする。これもプロのマナーの一つです。

今はメールやLINEなどのSNSで依頼がくることが多いでしょう。通知音が鳴ったらすぐに開き、内容を確認してすぐに返信することを心がけたいものです。

僕がプロになりたての頃は、まだ電話が多かったのですが、その場で電話を取れなかった場合、留守電にメッセージが入っていなくてもすぐにかけ直していました。そうしないと、よその人に仕事が行ってしまいます。そのスピード感覚は大事にしていましたね。

若いうちは特に、依頼者は「あなた」に声をかけているのではなく、「あなたにも」声

をかけていることを忘れてはいけません。メールでも電話でも、連絡の早い人が有利なのは言うまでもありません。

また、リハーサルの日程調整の連絡も同様で、すぐに返事をすることが大切です。

メールの返信がこない人が一人でもいると、日時を決定できないことは理解できるでしょう。たとえば、新人のあなたが「候補日のうちいつがOKで、いつがNGか」うっかり返事をし忘れて、3日間、確定できなかったとします。すると、ほかの忙しいメンバーに対し、3日間スケジュールの仮押さえをしてしまうことになるのです。その間にも忙しいメンバーには新たな仕事が入り、結局、リハーサルに全員がそろわなくなる可能性もあります。

僕の感覚では、遅くても24時間以内の返信が、まわりに迷惑をかけないギリギリのタイミングだと思います。

仕事の依頼に対する返事の早さやリハーサルの日程調整のやりとりは、そのままスケジュールの管理能力につながります。**いつ、どこに仕事が入るかわからないフリーランスの音楽家にとって、スケジュール調整はとても大切なスキルになります。**

最初はガラガラのスケジュール表ですが、パズルのピースが埋まるように仕事が入ってくると、「この日に仕事を入れるのは厳しいけれど、経験としてやっておきたいから、無理をしても調整して引き受けよう」「夜のこの時間帯なら、レッスンが終わっても間に合いそうだ。これなら誰にも迷惑がかからない」といった判断が瞬時にできるようになります。

返事の迅速な人は、たとえお断りの返事であっても、相手に悪い印象を残しません（2、3度断り続けると、仕事がこなくなるケースは多いですが）。普段、友達に対しても返事を引き延ばすクセのある人は、特に注意することをおすすめします。

マナー4 服装や身だしなみに注意

演奏するときの服装や身だしなみも立派な自己管理の一つです。

人前で演奏するということは、あなたはある意味「商品」でもあるわけです。演奏を聴きにくる人以上に「身だしなみ」や「見た目」を気にする必要があると、僕は思います。

身だしなみには、清潔感とともに、場所にふさわしい服装という意味もあります。

僕の最初の現場（ビッグバンド）は「スーツ着用」の指定があり、余計なことを考えずに済んでかえって助かりました。

しかし、ジャズのライブに行ったことがある方はわかると思いますが、通常、ライブハウスでステージ衣装などというものはありません。完全に私服。色もバラバラ。なかには、家にいるときのようなラフな格好でくる奏者もいます。それはさすがにお客様との境目がないというか、ショーマンシップに欠けると僕は思うのですが…。

ジャンル的には、クラシック、ジャズをやる人よりＪポップやロックの現場のほうがルックスを意識している人が多い印象です。

クラシックのコンサートやテーマパークのように衣装が決まっているところは楽ですが、自由な場合には気をつけたいですね。

僕の場合は赤がトレードマークで、特別な指定がない限り、赤いシャツを自分のユニフォームにしていますが、基本的には仕事をくださった人の意向を踏まえ、臨機応変に対応するというのが、呼ばれた側の立場だろうと考えています。

マナー5 アドバイスをくれる先輩を大事にする

「それはダメだよ」と言ってくれる人を大事にする、苦言を呈してくれる人に感謝する感覚は若い頃からありました。

「藤井くん、いいね」と言ってくれる人もいましたが、そういう人に限って次の仕事をくれないこともありました（笑）。だからか、「もうちょっとこうしたほうが、仕事がくるよ」と言ってくれる人のほうを大事にしようと思っていました。

たとえば、「仕事イコールお金じゃないから、一回受けたら、どんなに安い仕事でもキャンセルはやめなさい」とか、「あとからおいしい仕事が入って『すみません、やっぱりNGになりました』というようなことをすると、必ずあとにしっぺ返しがくるよ」と言われました。まさしく、その通りだと思います。

実際に、こんなことがありました。数カ月先に一本だけ本番が入っていたのですが、その後、その日を含めて2カ月間の舞台のオファーがきました。役者として舞台に出て、トロンボーンも吹くという仕事でした。クライアントからは、「シングルキャストだから、スケジュールはすべて空けてください」と言われました。

そのとき相談した先輩に、「その一本を蹴ったら、あとに響くよ。先に受けた仕事を優先しなさい」と言われたのです。それで、結果としては2カ月の仕事を断りました。

アドバイスをくれる先輩が参加する打ち上げなどの飲み会も、けっこう行っていましたね。むしろリハーサルや本番より打ち上げのほうが先輩からいい話を聞けたりする場合もあります。酔った勢いで説教されることもありましたが（笑）、厳しいことを言ってもらえるのも参考になりましたし、先輩の武勇伝のなかにもためになる話があったりもするので、当時はそれも楽しんでいました。そのアドバイスが今、実になっていると思います。

今は、本番が終わってサッと帰ってしまう人たちも多く、それがいい面もありますが、打ち上げでないと出てこない話もあるので、敬遠する必要もないのかなと思います。

フリーランスでやっていたら、人間関係で仕事がつながることがほとんどですから、いろんな人と話をして、顔を覚えてもらうことは無駄ではないはずです。

「この人がダメだったら、今回は、若いけど藤井くんに頼んでみようかな」ぐらいのポジションにはいるようにしていました。こびを売るというのではなく、それが飲み会に参加することだったり、コンサートやライブにお客さんとして顔を出すことだったり。お世話になっている先輩の現場に足を運ぶといった行動力も、フリーランスには必要だということですね。

藤井さんのお話を聞いていると、受け身の人はフリーランスに向いていないのかな…という気がします。僕も、トラの仕事が終わったらそのまま失礼していましたが、集まりに参加することはやはり大事ですか?

行動力は時代に関係なく、普遍的なことだと思う。今の時代、無名の奏者がYouTuberになって、フォロワーがすごい数になれば、それで一時は生活が豊かになるかもしれない。でも、昔からある世界、オーケストラやビッグバンドに呼んでもらえるようになりたかったら、どんなに演奏が上手くても、受け身になっていたら先輩からの仕事はこないと思うよ。飲み会に参加するかどうかはさておき、特に新人のうちは、『自分から人に会いにいく』ぐらいの積極性が必要だね

ここがPoint！

- □ **時間や約束を守る、仕事の連絡に素早く対応するなど、継続的にオファーを受けるにはいくつかのマナーがある**
- □ **フリーランスには行動力も必要。自分から動かない人に仕事はこない**

ステージ上のマナー

次にステージ上のマナー、お客様に音楽を最大限楽しんでいただくための心がけについてお話しします。ステージマナーといっても、譜めくりは大きな音を立てないとか、お客様にお尻を向けないといったことではありません。

コンサート、ライブという非日常の空間で、同じような毎日では得られないワクワク感を味わっていただき、リフレッシュしていただくために、プロとしてどんなステージングをすればいいか。「元気になった！」「来てよかった！」「また来たい！」と思っていただける楽しいライブとは？ ここでは、「自主企画のライブを開く」設定で、僕の経験をお伝えしたいと思います。

マナー6 オリジナルな見た目を工夫する

ステージに立った瞬間から、あなたの立ち居振る舞いは一挙手一投足見られています。

衣装はその典型で、髪型・服装・小物など、自分らしいキャラづくりは、ある種の華やかさにもつながり、プロっぽく見える要素になると思います。

プロっぽく見える衣装といえば、やはりオーケストラなどで、「黒を基調にしたそろいの衣装」がある種の威厳や、伝統、統制美を感じさせ、聴く人も自然と背筋が伸びるのです。

僕がかつて所属していたテーマパークのバンドは、イベントごとに衣装が変わり、来場者へのおもてなしの心をあらわしていました。

僕はそのなかにいて「ルックスの大事さ」を、身をもって知りました。

施設の規定で、長髪、染め髪、ヒゲは禁止でしたが、その頃から眼鏡に凝り始め、少しずつ自分の〝キャラづくり〟をしていきました。先に述べたように、今は「赤」を自分のシンボルカラーにし、そこにヒゲを組み合わせています。

ある程度、自分らしいキャラづくりができたら、周囲に覚えてもらうために、その路線を変えない＝「人の印象を変えない」というのも、見せ方のテクニックだと思います。

もちろん、正統派のクラシックがメインという人が個性を全面に出しすぎると、（特に日本では）かえって悪目立ちしてしまいますが、**自分の企画したライブであれば、「どこかに必ず赤を入れる」などを指定し、バンドメンバーにもある程度衣装をそろえてもらったほうがステージも引き締まりますし、ショーアップしてカッコよく見えます。そもそも発表会ではないのですから、衣装も含めて「演出」であると覚えておいてください。**

マナー 7 ステージで華のあるプレイヤーになる

音楽をよく知らない人に対して、「この人、やっぱりプロだな！」と思わせることはとても重要です。

演奏でミスをしないのは当たり前ですが、ミスをしてしまったときに「やってしまった！」という表情をした途端、お客様の気持ちは「高揚」から「がっかり」へと冷めてしまいます。プロである以上、何事もなかったかのようにスルーして、ポーカーフェイスをキープしてください。

常に堂々として、動きに無駄がなく、自信に満ち溢れた姿は、観ている側にも安心感を与えます。内心はビクビクしていたとしても、そういうハッタリは大事です。〝きれいに立つ〟だけでも、自信たっぷりに見えます。

若い音楽家のなかには、あまり自信がないように見えてしまう人もいます。猫背で姿勢が悪い人もいて、観ていると「いかにも素人っぽくて華がないな…」と思ってしまいます。たとえ実力があっても、華がないと残念ながらお客様を呼べません。

自分を良く見せようと思うのは、プロとして当然のこと。ルックスも、態度も、ハッタ

りをかますくらいでちょうどいいんです（笑）。

それから、ライブであれば、お客様との距離を縮めて「お客様をのせる」ことも大切です。

どんなに演奏が上手くても、ＭＣ（しゃべり）ができないと、やはり素人感がにじみ出てしまいます。

僕がバンドのリーダーのときは、一曲ごとにＭＣを入れていました。ジャズの場合、しゃべりは入れずに演奏を続けるバンドも多いのですが、メンバー紹介、曲紹介をしながら、ときどき笑いもとって、上手く流れをつくっていくことで、一本のショーとして成り立つように考えていました。

曲紹介といっても、「みんながよく知っている映画のこのナンバーです」と言うぐらい。自分のオリジナル曲なら、「いつ、どんな思いでつくったか」さらっと情報を入れます。知らない曲だったとしても、ちょっと情報を入れておくことで聴き手に想像力が生まれ、聴き方がまったく変わります。**ＭＣで興味のポイントをつくるとでも言うのでしょうか、こちらが一歩、お客様に歩み寄ると、お客様もこちらに近づいてきてくれます。**

また、クラシックのコンサートなら、咳払いにも気を遣うくらい、身動きせずに聴くことが多いと思いますが、ライブなら、演奏中に「イエーイ！」と叫んでもいいし、リズムに合わせて体を動かしてもいいんです。

格式高いコンサートの雰囲気を貫くのもその人のやり方ですが、ライブを「エンターテインメント」として楽しんでもらえる世界も知らなければ、それはもったいないことだと思います。

たとえば、ヴァイオリニストの高嶋ちさ子さんは曲の合間のおしゃべりも楽しく、誰もが知っているような曲や、映画音楽のメドレーを織り交ぜるなど、それほどクラシックに詳しくないお客様に寄り添う力が強い方だと思います。

ピアニストの清塚信也さんはトークも面白く、ショパンやモーツァルトの面白エピソードで笑いをとるなど、音楽以外にも楽しめる要素が盛りだくさんです。**「クラシックはもっとポピュラーであるべき。一部の専門家のものであるべきではない」と語っていますが、僕もまったく同感です。**

音大生のみなさんも、音楽のプロとしてスタートを切るからには、ぜひ多様性を受け入れるキャパシティーを持って、楽しく、華やかなステージングを試みてもらいたいですね。

マナー8 一曲、一曲、心を込めて演奏する

いろいろ述べましたが、非日常を提供するプロの演奏家である以上、まずは演奏で聴き手の心をつかみ、会場を盛り上げることが重要です。

あなたにとっては、何十回、何百回と弾き込んだ曲であっても、お客様にとっては初めて聴く曲かもしれません。常に初心を忘れず、フレッシュな演奏を心がけること。自分自身が音楽を楽しむことが、お客様の五感に何かを訴えることになると、僕は思っています。

たとえば、金管楽器を笑いながら吹くことはできませんが、自分が楽しく、お客様にも楽しんでもらおうと演奏していたら、目は笑っています。

一度ステージに上がったら、個人ではなく「公人」になったつもりで、演奏に情熱を傾けてほしいと思います。

それはつまり、音楽をビジネスとして捉える、ということです。

チケットチャージが3000円だとしたら、3000円以上の価値があったと思ってもらえるかどうか。

レストランでも「美味しかった！　この料理は3000円以上の価値があったな」と思えば、「また行きたい」と思うでしょう。音楽も同じです。

音楽をわざわざ聴きに行く価値は、やはり「感動」ではないでしょうか。ただ演奏が上手ければいいというわけではありません。

たとえば、アマチュアの吹奏楽団でも、年一回の本番に対してものすごくつくり込んで、演出をして、メンバー全員が同じ方向を向いているバンドの演奏に、僕なんかは感動してしまいます。しかも無料のコンサートです。

お金をもらうプロなら、アマチュアの感動に勝たなくてはいけません。技術はもちろん、一本の本番に対して、アマチュア以上に真剣につくり込む必要があると思っています。

プロはお客様に非日常を提供するために、一つのステージでそれぐらいエネルギーを使うんですね！　でも、お客様がチケット代を払っただけの価値があると思ってくれれば、また来てくれる。生演奏の醍醐味はやっぱりそこ！　でも、盛り上がるライブをつくり上げるって大変ですよね？

最初は試行錯誤だけど、上手くいかなかったライブに何が足りなかったのか、評価や分析をしないと成長がないよね。僕がよくやっていたのは、自分の本番を映像で残しておいて、あとで見直す作業。繰り返して見ていると、『ああ、もうちょっとしゃべりを短くしておけばよかった』とか、『お客様をのせる曲がもう一曲ほしかった』とか、いろいろ反省点が出てくるから、ちょっとずつでもクオリティーが上がっていくんだ。ビジネスとして考えたら、そういう客観的な見方は必要じゃないかな

ここが Point！

- □ **ステージ上で堂々として、動きに無駄がなく、自信に満ち溢れた姿は、観ている側にも安心感を与える**

- □ **自主企画のライブもビジネスと捉えて、演出はもちろん、本気の音楽を聴かせよう**

Lesson 4

個人事業主の意識を持つ

Exercise（練習問題）⑥

音楽における多面的な仕事を実現したとき、あなたは月額いくら稼げれば幸せですか？

その金額を達成するために、どの仕事をどれだけやればいいいか、具体的に考えてみてください。

お金を稼ぐことを意識しよう

さて、レッスン4では、「お金を稼ぐ」ということについて、話を進めていこうと思います。

僕が高校1年生のときのエピソードです。先にお話しした世界的なトロンボーン奏者、ジョージ・ロバーツと運命的に出会い、クラシックからジャズに転向することを決め、何度目かにお会いしたある日、僕は思い切ってジョージに言いました。

「僕、高校を卒業したらアメリカに行って、あなたのもとでトロンボーンを勉強したいんです」

帰ってきた返事は衝撃的なものでした。

「きみはまだ若い。日本でビジネスの勉強をしなさい」

そう言われた高校生の僕は、音楽の話をしているのに、なぜジョージはビジネスの話をするのか、まるで理解できませんでした。

しかし、今思えば「音楽もビジネスだ。お金を稼ぐしくみをちゃんと勉強しなさい」という意味だったのだと思います。高校生のガキを相手に、「音楽を勉強しなさい、練習をがんばりなさい」ではなく、「ビジネスを勉強しなさい」と言ってしまうところが、さすがハリウッドのショービジネスの最前線で活躍されたトロンボーン奏者ですよね。「音楽を仕事にするためには、芸術やエンターテインメントの視点だけでなく、お金を稼ぐというビジネスの視点も不可欠だよ」と教えてくれていたのです。

その後、奇しくもジョージに言われた通り、日本に残り、大学には進学せず19歳でプロになったのですが、22歳（大学生が就職する年）には、新卒で一般企業に就職する友人と同じぐらいの給料をもらえるようになっていたい（社会的に同じ立場に立っていたい）と強く思い、がむしゃらに仕事をしました。

そして、テーマパークのバンドのオーディションに受かったこともあり、それを実現することができました。頭の片隅で常にジョージのアドバイスを意識していたのかもしれませんね。

2019年10月現在の、平均初任給は大卒で約20万6000円（額面給与）だそうです。フリーランスの音楽家は、企業や組織に勤めているわけでもなく、安定収入があるわけではありません。演奏の仕事といっても単発が多く、非常に不安定な立場だと言っていいでしょう。

それで20万円を稼ぎ出すのは、実は簡単なことではありません。そこから健康保険料や年金、生活費、交通費、奨学金を借りている人はその返済費用などを払うと、ほとんど手元に残らないかもしれません。

日本の音大生は良くも悪くも恵まれている家庭の人が多いので、「自力でお金を稼ぐ」ことについて、やや現実味が薄いかもしれませんが、プロの音楽家として生きていくためにも、「お金を稼ぐしくみ」を知っていることは、非常に大切です。

今からお金について考えて、早すぎるということはありません。

考え方のヒント 1 演奏やレッスンで月20万円稼ごうと思ったら？

まず、一つ一つの仕事の報酬がいくらぐらいなのか、自分なりに情報収集をしてみましょう。音楽の仕事の報酬はピンキリで、技術レベルや実績、地域、規模によっても異なるため、「これが正解」という金額はありません。

これまで経験した仕事が大体いくらぐらいだったかを思い出したり、まだ現場の経験がない人は、親しい先輩に聞いてみるのもいいかもしれません。

仮に、演奏の仕事だけで月に20万円稼ごうと思ったら、どうでしょう。

たとえば、一本の仕事の報酬が1万円だったとしたら、【20万円÷1万円＝20本】。月に20本のオファーが必要になります。もちろんレッスンの仕事も同じです（1レッスン1万円いただいても20人の生徒さんが必要になります)。

でも、考えてみてください。音大を卒業したばかりの若い音楽家に、それだけの仕事がコンスタントにくると思いますか? 可能性としてはかなり低いと思ったほうがいいでしょう。

平均的な報酬が1万円で、仕事の本数を20本にするのは、新人のうちは至難の業かもしれません。

だからこそ、演奏やレッスン、作編曲の仕事などを組み合わせた多面的な働き方が必要になるのです。

考え方のヒント 2 入ってきた仕事を時給で考えてみよう

次に、一つの仕事で得た報酬を時給換算してみると一体いくらになるか、あなたは考えたことがありますか?

たとえば、僕が経験してきたジャズのビッグバンドのライブを題材に考えてみましょう。

本番と別の日にリハーサルが組まれ、リハーサル代はなし、交通費もなし、報酬は本番のチャージバックのみという設定です。

チャージバック制とは、その日、お客様が払うテーブルチャージ（入場料のようなもの）に集客できた人数を掛け、そこからお店の取り分○％、出演者の取り分○％と分けて支払われるシステムです。

仮に、【一人分のテーブルチャージ3000円×集客100人×出演者の取り分60％÷出演者数15人】で計算すると、一人当たりの報酬は1万2000円ですね。

この数字だけ見ると、「悪くない」と思う人もいるでしょう。

では、時給で計算してみると、いくらになるでしょうか。

リハーサルで5時間、本番当日は夕方からサウンドチェックがあり7時間、合計12時間拘束されたとしたら、1万2000円÷12時間＝時給は1000円ということになります。

ここで比べてみてほしいのが、各都道府県が決める最低賃金です。東京都の場合、最低賃金は時給1013円と法律で決まっています（2019年10月現在）。

すると、どうでしょう。わずかながらライブの時給額のほうが安いことがわかります。2日分の交通費を差し引くと、さらに下回る計算です。

仮にあなたがコンビニで12時間働いたとして得られる収入より、効率が悪いことが判明してしまいました。

もちろん、単純にアルバイトとの比較はできませんが、**世の中の時給と比べて、音楽家としての自分の労働はどう評価されているのか。この考え方は一つの目安になると思います。**

だからといって、仕事を報酬の金額で判断しなさいと言っているのではありません。僕も今でも、正直、計算するのが怖いようなライブをやることがあります（笑）。生活費はしっかり稼いだ上で、出演することが楽しいから、経験になるからやっているのです。

問題は、「楽しい」だけがメインになっている人です。「好きな仕事だから安くても構わない」「音楽家は貧乏で当たり前」という考え方から抜け出せないと、自分の価値をなかなか上げることができません。

「親やパートナーの扶養家族で十分」「音楽で食べていこうとは思わない」という人は別ですが、職業音楽家として生活するつもりなら、これは不可欠な考え方ではないかと思います。

学生のうちは少ないかもしれませんが、先輩や知らない事務所から演奏の依頼がきて、報酬金額の提示もなく、日程だけ押さえられてしまうことがあります。そして、ふたを開けてみると、ノーギャラに等しいような金額だったということも、僕は経験したことがあります。

本来、あってはいけないことですが、音楽業界を含む芸能、エンタメ業界は、そういうブラックな部分がまだ残っているのです。

ところが、日本人には「お金の話はタブー」という風潮があり、自分からお金のことを聞きにくいのが実態です。フリーランスは自分で自分を守らなければ、誰もあなたのことを守ってくれません。**あまり親しくない人や、知らない事務所関係者から仕事の依頼がきたときには、必ず「失礼ですが、報酬はいくらですか？」と確認する習慣を、学生のうちからつけておくことをおすすめします。**

ちなみに、僕が音楽ディレクターを務めているNSPでは、演奏の料金体系をもっとオープンにすべきだという考えのもと、クライアントからいただく料金に対して奏者に支払う料金がいくらか、ある程度わかるようにホームページ上で公開しています。

また、こちらからオファーする際も、あらかじめ拘束時間や報酬の金額を提示してから受けてもらうようにしています。

演奏の仕事を時給で考えたことなんてなかったです。僕らは個人で練習する時間もあるから、そこまで含めたら…それこそ怖くて計算できないです！　演奏の仕事は好きだからずっとやっていきたいけど、やっぱり多面性を身につけて、いろんな職種をかけもちしたほうが楽しそうですね

音大生の中には演奏の仕事のほうが上、レッスンは下のような考えを持っている人もいるけど、ビジネス感覚でいうと、たとえば1回1時間3000円のレッスンはかなり重要な仕事だと思う。自分が努力して、生徒さんにその時給3000円の価値を感じてもらうことで、その対価が得られると考えてみよう！

ここが Point！

- □ **フリーランスの音楽家は不安定な立場だが、多面的な働き方をすれば、ある程度の安定収入が見込める**

- □ **報酬を時給換算してみたり、事前に金額を提示してもらうなど、一般社会人と同じビジネス感覚を持とう**

Exercise（練習問題）⑦

あなたがリーダーのグループを結成し、コンサートやライブを行うとして、売上を黒字にする方法を考えてみてください。

学生のうちから自主公演をやってみよう

だんだんと、音楽はビジネスだという感覚が出てきたでしょうか。

フリーランスの音楽家は、一人で社長も社員もこなす個人経営の会社をやっているようなものです。経営者としての金銭感覚を養うためにも、僕は、若い人たちに自主公演をすすめています。

自主公演を一本行うことで、誰かの公演に呼ばれるばかりの人には気づかない面がわかり、お金の収支を経験することができます。僕もかつて、先輩に「自分がリーダーになってみれば、わかることはたくさんある」と言われましたが、本当にその通りでした。

自主公演へのステップ 1 本気で黒字を目指そう

自主公演をやるとなったら、まず、公演内容を考え、グループでやるならメンバーを集め、スケジュール調整をしてリハーサルを行い、ホールやライブハウスの使用料金を考えてチケットの金額を決め、そこまでかかる費用をペイするためにはお客様を何人呼ばなければいけないか計算し、集客方法まで考える必要があります。自分がリーダーなので、最後はメンバーに報酬も払わなければなりません。

しかし、本番を迎えるまでの手間がどれほどかかるのか身をもって知るのと同時に、入り口から出口までお金の動きをすべて見ることができます。

やるからには、もちろん本気で黒字を出すことを目指してください。

自主公演はそれほどお客様が入らず、自分の勉強のためにやるんだと、赤字覚悟でやる人も多いのですが、結局、チケットをタダで配ってしまったら意味がありません。近い将来、自分がフリーランスでやっていくときに「自分は好きなことをやっているんだから、赤字でいい」と言っているのと同じことになります。

やってみて、失敗してもいいんです。

失敗したあとで、「チケット代が高すぎた」「宣伝が遅かった」「場所が駅から遠かった」など、反省材料が出てきます。次はそこを何とかクリアしようと思ったら、やれることは山ほどあります。

自分がやったことを振り返ることがマーケティングになり、次の行動につながるのです。これこそが、経営者の基本です。

何より、お金の大切さが身に染みてわかります。

自主公演へのステップ 2 集客方法を考えよう

初めての自主公演の場合、Ｊポップのアーティストのようにファンがついているわけではありませんので、自分で人を集めないといけません。

僕の若い頃は、まだＳＮＳがありませんでしたが、自分のホームページを持っていたので、そこで情報を流したり、チラシをつくったり、メールでライブのお知らせをしたりしていました。

今はブログやＳＮＳでの告知は必須でしょう。Twitter、Facebook、Instagramなど、今後、ビジネスとして音楽をやっていくには、もはやインターネットとかかわらずに仕事ができるシチュエーションはありません。

ただし、ＳＮＳのタイムラインでは、投稿はあっという間に過去のものになってしまいます。手間はかかりますが、こまめに更新することが大切です。

画像や動画も盛り込みながら、短い告知を何度も更新し、ホームページに誘導して詳しい情報を見てもらうというやり方もあると思います。

自主公演へのステップ 3 お客様に楽しんでもらおう

僕は、22歳のときから自分のリーダーバンドのライブをやっています。ちょうどテーマパークと契約した年でもあり、エンターテインメントとは何かを教わり、マネできるところはマネしてどうにかしてお客様に喜んでもらおうと、必死に考えました。

たとえば選曲。自分が呼ばれて行ったバンドで、ものすごい難曲ばかりやって、自分たちは楽しくても、一般のお客様が置いてけぼりをくうような経験もありましたから、それを反面教師に、音楽に詳しくない人でも楽しめる構成を考えました。一曲を長くしすぎないことも意識しました。それを踏まえて、**誰もが知っているような曲をレパートリーとして持っておくことは大事だと思います。**

当時、ジャズをやっている人のなかにはテーマパークの仕事をバカにする人もいましたが、計算されたエンターテインメントで人を惹きつけ、ビジネスとして成功しているということは、必ず理由があるはずです。一番大事なのは「お客様に歩み寄っていること」で、自分もいつかこういうショーをやってみたいという気にさせてくれたのです。みなさんも、そうした**良い見本を参考に、選曲や演出、衣装などを考えてみてもいいかもしれません。**

もう一つ、忘れてはいけないのは、会場に来るお客様は、上手い、完璧な演奏を聴きたいわけではないということです。

誤解を恐れずに言えば、完璧なだけの演奏なら音源でも十分。生演奏のいいところは、やはり会場との一体感です。**「自分は誰のために演奏するのか」を意識してみると、演奏にも気持ちがこもり、気迫も伝わります。その想いが聴く人に感動を与え、「また来たい」と思ってもらえるのです。**

僕もリーダーライブ、一度はやってみたいなあ。藤井さんのお話を聞いて、結局は来てくれたお客様にどう喜んでもらうか考えることが、自主公演が成功する一番の近道だって気がしました。その前に、まずはTwitterかInstagramを開設しなくちゃ！

自主公演をやるのはたしかに手間がかかるし大変だけど、お金の苦労も含めてプロのマインドが育つと思う。音大で教授の言う通りの完璧な演奏をして、試験でいい点を取るだけじゃ意味がない。一から自分で考えて、今、目の前にいる人を絶対に満足させようと思ってやったライブは、お金だけじゃない充実感、やりがいがあるよ！

ここがPoint！

- □ **フリーランスは一人で会社をやっているようなもの。経営者として金銭感覚を身につけないと、いつまでも自分の価値を上げられない**
- □ **自主公演をやってお金の動きをみてみよう。やるからには本気で黒字を目指そう**

Exercise（練習問題）⑧

オファーされた仕事について、
あなたなら次のどちらを選びますか？

①ギャラ交渉はしたほうがいい
②提示された金額のまま、受けたほうがいい

また、その際、注意すべき点は何か、考えてみましょう。

期間限定で、「何でも受ける」はアリ

卒業後に自分がいくら稼げば自立できるのかは、人それぞれです。
奨学金の返済がある人とない人、実家暮らしの人と一人暮らしの人とでは、そもそも必要な金額のベースが違います。

ですが、いきなり25万円、30万円を稼ごうと思うと、「音楽で稼ぐのは無理、バイトを増やさなくちゃ」ということになりかねません。その結果、練習時間が減り、コンサートに行って知識をインプットするお金も使えなくなり、人とも会わなくなり…と負のスパイラルに陥った人を、僕は何人も見ています。

もしあなたが実家暮らしなら、「25歳（あるいは30歳）で結果を出すので、もう少しだ

け甘えさせてほしい」と親にお願いし、期間限定でがむしゃらに音楽の仕事をやり、自分を追い込んでみるのも一つの方法だと思います。

今、音楽業界で活躍している人たちは、僕のような考え方以外に、お金に対してどんな考え方を持っているのでしょうか。

レッスン1にも登場していただいたフリーランスの音楽家に再び登場してもらい、事例として紹介します。

お金の考え方・事例① 佐藤秀徳さんの場合は？

学生時代から結婚式での演奏の仕事を始め、卒業後は『チャンチキトルネエド』を結成するなど、積極的に音楽活動をしてきた佐藤さんですが、**「正直なところ、フリーランスは今も低く見られる傾向がある」**と語っています。

たとえば、「仕事は何をしているんですか?」と聞かれて、「トランペットを吹いています」と答えると、「普段は何をなさっているんですか?」と聞き直されることがあるそうです。

これは笑い話ではなく、よくあることです。世の中が「フリーランスで金管楽器を演奏する仕事」にまだ理解がないことのあらわれでもありますが、今でもギャラの交渉で信じられない金額を提示されることもあると言います。

ただし、20代は経験を積み、人とつながるためにそれでも引き受けていたそうですが、最近は、内容によって断るケースも増えてきたとのこと。

その理由は、**「自分の価値を評価してくれる仕事でなければ受けない。そうしないと、フリーランスの立場がどんどん悪くなっていくから」**

そんな佐藤さんは、藝大在学中から一人暮らしをしています。卒業して引っ越すときに不動産屋さんに紹介されたのは、家賃が予算より2万円も高い物件でした。でも、すごく気に入って、悩んでいるときに仲介の人が言った「背伸びして借りるのもいいんじゃないですか?」の一言に背中を押されて決断し、その後、7年間、その部屋に住み続けたそうです。

「覚悟ができたし、最低でも月いくら仕事しないといけないかという計算もできた。実際、何とかなりました!」と涼しい顔で笑う佐藤さんですが、その覚悟は、アルバイトも何もせず、一度、楽器だけに向き合う期間をつくったことで生まれたそうです。

「アルバイトをしないと生活できないと思うかもしれませんが、みなさんも、試しに一カ月でもいいから、まっさらな状態で、音楽だけをやってみてください。手帳が真っ白というのは本当に怖い。でも、音楽で生きていくには何か仕事をしなくてはいけない。向こうからこないなら自分でつくらなきゃ、何をすれば仕事がくるのか、どうすれば仕事になるのかと、悩み、考えることになります。そういう『自分を追い詰める期間』を持つこと

で、自分の技量も見極められるし、腕も磨けると思う。

そして何より、自分は音楽だけで生きていけるのか、生きていこうと思えるかどうか。

自分自身の『覚悟』に気づくことができると思います」

若い頃に生まれた覚悟が、現在、フリーランスとして自分の価値を高めることにもつながっているのでしょう。

覚悟を決める一カ月、みなさんにもぜひ挑戦してみてほしいですね。

お金の考え方・事例② 円能寺博行さんの場合は？

演奏の現場が少ないユーフォニアムという楽器で、自分からポジションをつくり、演奏だけでなく、指導の仕事など、がむしゃらにやってきたという円能寺さん。

トロンボーンも決してポピュラーな楽器とはいえませんから、ある意味、円能寺さんも僕も、同じような20代を歩んできたのかなという印象です。ただ、**「自分から行動しないと仕事はこないと最初からわかっていた分、あまり苦労したという意識はない」**と言っていますね。そこも同感です。

円能寺さんは、指導者としても優秀ですが、指導の仕事でギャラ交渉はどうしているのでしょう?

「学生の頃は、経験・実績を積むために『交通費だけでいいですよ』と言っていたんですが、卒業後は自分で金額を設定しました。『高いですね』と言われることもたまにありますが、値下げはなるべくしないようにしています」

その代わり、予算が合わないという人には、もう少し安い金額で受けてくれるお弟子さんや後輩を紹介するそうです。

円能寺さんは大学や高校で非常勤講師をやっていることもあり、学校の先生は横のつながりが強いので、一度値下げすると、「あの先生はこの金額でやってくれた」とほかの先生に伝わり、相場が下がってしまうのだとか。

たとえ円能寺さんより安い金額で指導する人に仕事を取られても、そこから戻ってくることもあると言います。

「たとえば、吹奏楽コンクールで『円能寺先生に習った子のソロがすごく良かったね』と評価されると、普段は金額の安い先生に指導を受けていても、いざユーフォニアムのソロがある楽曲のレッスンになると、こちらに声がかかるんです」

結局は、レッスンの質と、実績を残すことが大切なのだということがわかります。卒業後、指導の仕事を念頭に入れているみなさんにも、非常に参考になるお話だと思います。

お金の考え方・事例③ 久保田涼子さんの場合は？

シンガーソングライターとウェブクリエイター、そして、スクール講師、プロデューサーと、何足ものわらじを履いて活動する久保田さん。レッスン1では、フリーランスの音楽家としてやっていく上でのベースとなる「社会性」を身につけてほしいと語っていましたね。

たとえば、メールのレスポンスが早い、服装が毎回ちゃんとしているなど、「しっかりした人だな」と相手に認めてもらう要素の積み重ねが信頼の獲得につながると言います。

その上で、相手から正当に評価され、報酬をいただくには、ある程度の「交渉術」が必要になってくると久保田さん。

「交渉が上手な人は、相手の価値観に合わせて話をしていると思います。そのためには、まず相手についてリサーチします。音楽の仕事であれば、どういうところから演奏や指導

のオファーがきているか分析するのです。

大がかりなプロジェクトでも、小さな企画でも、担当者の意図や依頼の経緯を知ることができれば、頼む側の気持ちが理解できますよね。つまり、どういう流れで演奏の仕事が自分のところへきたのかわかると、自分からも提案がしやすくなります。

何も準備せずに『連絡がきたから約束の場所に行こう』ではなく、相手が話している内容にどんなバックグラウンドやビジョンがあるのか、あらかじめ調べておくと、話の広がり方も変わってきます。

これは、仕事を得る、またリピートしていただく上で、毎回気をつけていることです」

たとえば、演奏を依頼された企業が外資系企業なのか、中小企業なのかによって、会社のカラーも異なります。外資系は成果主義で、個人で結果を出せば、あとは比較的自由な雰囲気があり、中小企業は上下関係や組織を重要視するチームワーク型。それだけでも浮かんでくる「会社像」は違いますね。また、働く人たちの年収が違えば、ライフスタイルや価値観も変わります。少し難しい話になりますが、そうした分析をもとに、「どんな提案をすれば、このお客様に喜んでいただけるか」考えるのがマーケティングです。

音楽の場合でも、その考え方は応用できると久保田さんは言っています。


それで、あなたからの提案（全体の構成や演出）を気に入ってもらえれば、報酬の交渉もスムーズに進む可能性が高まりますし、その仕事自体、きっと上手くいくはずです。そうなれば、「また、あなたにお願いしたい」というリピート展開が見えてきます。


「人は、共感してから何かが生まれると思うんです。そして、自分と相手の間に共感を生むということは、相手のことも誠意をもってリサーチしないといけない。

これは私が編み出した技ですが、自分の個性を大切にしつつ、必要に応じて相手に合わせて仕事に結びつける交渉術は、どこの業界においても大事なのではないでしょうか」

久保田さんの交渉術をぜひ自分でも試して、手応えを感じてみてください。

仕事のやり方や報酬の交渉の仕方は、結局のところ人それぞれだけど、そこにたどり着くには、報酬が高くても低くても、どんな仕事も一通り経験してみたほうがいいってことでしょうか?

最初は、自分にとっていい仕事がどれかわからないから、可能性を広げる意味でもがむしゃらにやったらいいと僕は思う。ただし、いい加減な事務所からの依頼で拘束時間が異常に長かったとか、最悪の場合は報酬の未払いとか、悪質なオファーもないわけではないから気をつけて。知らないところから連絡がきたら、インターネットで調べたり、先輩に相談したりして判断することも必要だよ

ここがPoint！

- □ **若いうちは、期間限定でどんな仕事でもがむしゃらに受け、自分を追い込んでみるのも一つの方法**
- □ **経験を積むうちに、自分なりの交渉の仕方が見えてくる**

Lesson 5

未来の自分をつくるブランディング

Exercise（練習問題）⑨

フリーランスとしての仕事（演奏・指導など）をどうやって獲得するのか、具体的に方法・戦略を考えてみてください。

ホームページ・SNSの活用

いよいよレッスン5。最後のレッスンになりました。レッスン5では、フリーランスの音楽家が自立するためにどんな行動をとればいいのか、自分をどう見せていけばいいのか、ブランディングのヒントをお伝えしたいと思います。

第一は、時代にマッチした〝あるツール〟を活用すること。
それは、もちろんインターネットです。

音大を出ただけでは、知り合いや先輩以外、世間は誰もあなたのことを知りません。インターネットを使って、あなたの存在を知ってもらわなければ、仕事は広がっていきません。自分から情報発信しなければ生き残れない時代に、ホームページやSNSを活用するのは当たり前と言っていいでしょう。

しかし、ほとんどの人がすでにそのことを知っています。そのなかで、自分を選んでもらうためには何をすればいいか、大切なのはその中身です。顔写真とプロフィールを載せれば仕事がくるわけではありません。

集客できるホームページをつくるポイントは5つあります。ここではレッスンの仕事を例にして説明します。

❶検索されやすいキーワードを設定する

お店を検索するとき、グーグルなどの検索窓に「池袋　ラーメン　おすすめ」などキーワードを入れるのと同じように、「池袋　トロンボーン　レッスン」といったワードで検索されて、なるべく上位に表示されることが大切です。特にレッスンの場合、場所の特定はとても重要です。

あなたの名前で検索してくれる人は、すでにあなたを知っている人です。それよりも、あなたを知らない人に知ってもらう検索ワードが重要です。

❷自分の売りは何か、明確にする

ほかのレッスンとは違う特色は何か？　考えてみてください。

僕の場合、「ジャズやポップス系に強いトロンボーンのレッスン」であることや、「初心者にやさしい」ことを売りにしています。

音大受験やオーケストラに入りたい人が対象なら、ほかに適任者がいますし、僕のところに来ても望みがかなうかわかりません。そうしたミスマッチを防ぐ意味でも、「自分がどのタイプの先生か」明確にしておくことが大切です。

❸問い合わせしやすいよう、画像・動画を入れる

今の時代、文字情報だけでお店にお客様は集まりません。

僕はプライベートスタジオでもレッスンを行っているので、特に女性の場合は不安だと

思います。その不安を解消するため、スタジオの様子がわかる写真なども公開し、少しでも安心してもらえる工夫をしています。レッスンをしている様子や発表会の様子などを写真や動画で公開するのも、安心材料になると思います。

❹価格を明記する

当たり前のことですが、レッスンの場合、「1レッスン90分7000円」など、時間と値段を書いておかないと、問い合わせはまずきません。

レストランのメニュー表と同じで、月謝なら月に何回のレッスンでいくら、初心者・中級者・上級者ならいくらというように、できるだけ詳しく書いておくことをおすすめします。

❺生徒さんの声を載せる

食べログなどのサイトでは、数字や星の数でランク付けされていたり、口コミ（レビュー）が載っていたりします。これらを参考にお店を選ぶ人も多いのではないでしょうか。

フリーランスの音楽家のホームページにランク付けはありませんが、僕は「生徒の声」というページを設け、レッスンに興味を持っている方に安心してもらえるようにしています。

ホームページにさらに人を呼び込む秘訣が、ブログやＳＮＳの活用です。Twitter、Facebook、Instagramなど、ＳＮＳはホームページに人を集める広告のような役割を持っています。

たとえば、あなたのレッスンに対する考え方や、それをあらわす動画などがネット上にあがっていて、そこに多くの「いいね！」があったり、リツイートがたくさんされていたりすると、それが口コミになり、「ここで習ってみたい！」と心が動いた人がホームページにやってくるという流れができます。

ただし、先ほども触れましたが、ＳＮＳではあっという間に過去の投稿になってしまうので、こまめに更新することが大切です。面倒くさいかもしれませんが、ある程度評判になるまでは、がんばってブログやＳＮＳを更新し続けるしかありません。

ホームページやSNSは基本的に無料だから、努力さえすれば、お金をかけずにお客様を集めることが可能になるのか。これを利用しない手はないですよね！ ただ、ブログやFacebookをこまめに更新するのは時間もかかるし、やっぱり面倒ですね…
SNSを全部やる必要はないんだ。ブログだけ、Twitterや Instagramだけでも十分。若い人は僕ら以上に使いこなしている人も多いから、まずは成功している人のマネをするといいよ！

ここが Point！

- □ **音大を出ただけでは、ほとんど誰もあなたのことを知らない。インターネットを使って、あなたの存在を知ってもらわなければ、仕事は広がらない**

- □ **集客できるホームページをつくり、ブログやSNSでお客様を呼び込もう**

評価されるYouTube動画を制作し、自分を売り込む

今後は、会場に足を運んでのオーディションだけでなく、YouTube動画で仕事を取るシチュエーションも増えてくるかもしれません。実際に、ハリウッドでも増えてきているそうです。

NSPでも、音楽家募集では登録の際、YouTube動画を送ってもらい、それをもとに審査しています。

では、審査する側は、どういうところを見ているのでしょうか?

普通、こういう話はあまり表に出しませんが、NSPは「若い音楽家の育成」が趣旨の一つなので、音楽ディレクターの立場からいくつかポイントを解説してみようと思います。

❶自己紹介は明るく、元気に

NSPでは、動画の最初に口頭による簡単な自己紹介を入れてもらっています。ここで見るのは「きちんと人前で話せるか」です。

演奏の仕事でも、企業の周年記念パーティーであれば、「○○様、創立○周年おめでとうございます」といったあいさつをすることがあります。また、ほとんどの仕事で曲目紹介、メンバー紹介をします。

声が小さい、元気がない、暗いなど、ネガティブな印象があるものは、良い評価になりません。

❷演奏曲は幅広いジャンルからピックアップする

NSPの場合、依頼を受けるほとんどの仕事で、ジャズ、ポップス、映画音楽など、クラシック以外の演奏も求められます。

NSPでは「ジャンルまたは雰囲気の異なる2曲以上（抜粋可）を収録すること」とし

ているので、動画にクラシックしか収録していない人には仕事をお願いできません。

❸指定された動画の長さを守る

ＮＳＰの場合は、すべての動画の合計を5分以内に収めるよう指定していますが、これを守れない人が、実はとても多いです。

一時間以上あるライブ動画をそのまま送ってくる人もいれば、「私のYouTubeチャンネルに動画が何本もあがっているので、それを見ていただければ実力はわかります」とメールしてきた人もいます。

しかし、依頼される仕事は、その人のリサイタルではありません。「イベント開始前の15分間、ウェルカム演奏をお願いします」というような依頼はよくあることで、厳しいようですが、指定した時間内にまとめることもできない人は仕事に呼べないのです。

実際、審査をする側は、それ以外にも多くの仕事を抱えています。5分程度にまとめてもらわないと審査は不可能です。指定があるということは、相手にそうした都合があるということです。自分勝手な都合で動画を送ってくる人は、社会常識がないとみなされてしまいます。

そのほか、服装や身だしなみ、収録環境など、あなたが思っている以上に「演奏技術以外」を見られています。つまりは、社会通念（社会一般に通用している常識、見解）を理解できているか？ ということです。

クライアントが一般企業であれば、商品として恥ずかしくない人材を派遣するのが僕らの使命でもあります。フリーランスで仕事を得るには、そうしたビジネス感覚を身につけることも大切です。

NSPでは、YouTuberを発掘しようという意図ではなく、あくまで就活の一次面接のようなニュアンスですが、仕事を得る上ではこうした「企業側の見方」も参考になるのではないでしょうか。

演奏家が演奏で評価されないって、初めは『なんで?』と思いましたけど、フリーランスはそういう会社や事務所が仲介してくれて、初めて仕事ができる立場だってことですよね。僕たち、もっと社会人としての常識を持たないといけないのかも…

演奏能力の高さも、もちろん大事だけど、対面のオーディションでもなく、たった5分の動画で評価されるためには、その5分間で『自分がこの仕事でどんな成果が出せるのかわかってもらう努力』が必要だとも言えるね。そのためには指定された内容を守ること、そして、相手がどんな会社なのか自分なりに知っておかないと。ビジネスでいうプレゼンテーションだと思って、チャレンジしてみよう!

ここがPoint!

- □ **オーディション用動画は、自分が思っている以上に「演奏以外」で評価されることが多い**
- □ **指定された内容を守れないと、ビジネスとして「演奏を任せられる人材ではない」とみなされる**

仕事がくるプロフィールとは？

若い音楽家を審査する音楽ディレクターの立場として、毎回、残念に思うことがあります。
それは、「音大出身のクラシック奏者のプロフィールはみんなほとんど同じだな」ということです。

○○県○○市出身、○年、○○高校卒業
○○音楽大学○○科卒業
（あれば）留学歴
（人によって）○○コンクール○位入賞
○○氏に師事

だいたいこんな感じで、どの人も大差ありません。おそらくは演奏が上手くて、がんばり屋の人が多いのでしょう。でも、同じような音楽家は山ほどいます。これでは見分けがつかず、誰を呼んでいいのかわかりません。

プロフィールとは、「この人がどんなプレイヤーなのか」できるだけシンプルに伝えるツールです。

「どんな書き方をしたら相手が自分に興味がわくか」「仕事に呼んでみたくなるか」という視点で書くことで、「こんな演奏を求めている」「こんな演奏家が好きだ」と思う両者のマッチングが成立するのです。

少しでも自分に注目してもらうためには、ほかの人にはない何かが必要です。

たとえば、音楽教室のＨＰを見て、「○○音大○○科卒業　○○氏に師事」とだけ書いてあったら、生徒さんはどれほど集まるでしょうか。

東京藝大は別格かもしれませんが、私立の音大でどの学校がハイレベルかなんて、一般の方はほとんど気にしていないと思います。ましてや誰に師事したか興味のある人も、まずいないでしょう。

この場合のポイントは、「どんな先生だったら習いたいと感じるか」「ほかの先生との違いは何か」の2点ではないでしょうか。

では、プロフィールに次のようなコメントが書かれていたらどうでしょう。

「私も初めてトロンボーンを吹いたときは、ちゃんと音が出なくて苦労しました。でも、今では一番好きな楽器になりました。みなさんが少しでも早く上達できるよう、近道を伝授したいと思います」

短い文章のなかに、自分の経験談、音楽への想い、何を提供したいのかが入っていて、その先生の人柄も読み取れます。その言葉に共感し、「初心者でも楽しくレッスンしてくれそうだ。この先生に習ってみようかな」と思うかもしれません。

演奏の仕事をもらうのも一緒です。

自分がどんなジャンルに取り組んでいるのか、どんな作曲家・作品に情熱を注いできたのか、どんな演奏仲間がいるのか、これから広げたい方向は…など、「この人（グループ）なら、あのクライアントのイベントにぴったりだ！」と思わせるぐらいのプロフィールを書いてきてほしいと思います。

また、ホームページやブログがあるのなら、そのURLをつけておくのもいいでしょう。

もちろんその先、2回目、3回目と呼ばれる人になれるかどうかは実力勝負ですが、誰かが自分に注目してくれなければ、最初の仕事を取ることはできません。

ライバルとの差別化を図ってどんぐりの背比べから抜け出し、「あなた」に仕事を依頼してもらえる可能性を広げましょう。

フリーランスの人たちは、名刺を持つものでしょう？ 個人ならデザインも内容も自由にできるし…だったら名刺の裏に、相手に興味を持ってもらえるプロフィールを載せちゃうっていうアイデアはどうですか？
みらいちゃん、さえてるね！ さらに出身地とか、趣味とか、遊び心も入れておけば、初対面の人との会話のきっかけもできるし、ビジネスチャンスも広がりそうだ。そうそう、そんな感じで、自分にしかできないPR方法を考えてみよう

ここが Point !

- □ **みんなと同じプロフィールでは、「選ばれる人」にはなれない**
- □ **自分がどんな音楽家なのかわかってもらえるようプロフィールを工夫しよう**

裏方の視点を持とう

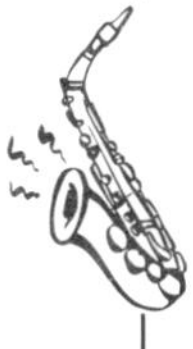

最後に、若い音楽家が演奏技術以外に学ぶべきこと、マネージメント業務や裏方業務を経験することで、将来どんなことに役立つか、お話したいと思います。

人前で演奏したり、指導したりするだけでなく、裏方も両方経験することはフリーランスで仕事の受注を伸ばす絶好のチャンスになります。

NSPでは、スタッフには演奏以外のさまざまなスキルを身につけるトレーニングを実践の場で提供しています。

まず、NSPのマネージャーや裏方の仕事について、簡単に紹介します。

マネージメント業務は一般の音楽事務所と同じで、まずはクライアントから問い合わせや依頼をいただき、日程や会場、予算などを伺います。そして、最適なプランを僕や幹部スタッフと一緒に検討し、音楽家の手配を行います。

その後、クライアントや音楽家とやりとりし、イベント当日を迎え、終了後には請求書の作成や、音楽家への報酬の支払い手続きを行います。

そのほかの裏方業務は、ウェブ制作やチラシ制作といったデザイン業務、メールやブログの作成など、パソコンを使用した仕事が中心です。

こうした実務経験は、フリーランスとしてやっていく上でも良い影響があると思っています。

個人や事務所からくる仕事を受けて、ただ演奏してお金をもらっているだけだと、通常、クライアントとの打ち合わせや交渉に同席することはありません。そうすると、仕事を発注する側がどういう人を好むのかもわかりません。**この事情を知ることができるのは、何より勉強になるのではないかと思います。**

クライアントと実際に打ち合わせし、その想いを感じられるのも、音楽家としてのやりがいやモチベーションにつながるのではないでしょうか。

僕は、依頼された音楽イベントで奏者を集める、いわば人事権のようなものがあるわけですが、**事務所側がどんな基準で人選をしているのかを目の当たりにするのも、普通はできないことだと思います。**

たとえば、テーマパークのバンドに入りたいと思っても、音楽事務所の事情や採用基準を知ることはできません。一般の就職活動でたとえるなら、採用側が何を考えているのかわかるわけですから、学生なら当然有利になり、内定をもらいやすくなります。

つまり、スタッフになることで、自分もクライアントに必要とされる音楽家になるためのノウハウを吸収できるのです。

また、NSPでは、普段の業務からチャットを使ったコミュニケーションをしたり、メールやブログの作成の添削を僕やライターのスキルがあるスタッフが行い、日本語力やプレゼン力、コミュニケーション能力を養っています。

この能力は、フリーランスとして自立するための大きな武器になると思います。

現場は音楽家だけでなく、マネージャーなど裏方スタッフの存在も大切です。何となく、演奏する人が上、マネージャーはその下の雑用係のようなイメージがありますが、それは間違っています。

どちらが欠けても良い仕事にはなりません。

ちなみに、よく「○○事務所は待遇が悪い。ブラックだ！」という愚痴を耳にするのですが、実際にそういうところもあるのに対して、マネージメントの苦労やマージンの意味を理解せずにボヤいているだけの人もいます。

マネージメントや裏方業務を経験することで、不当に搾取している事務所や企業にはだまされにくくなります。と同時に、きちんとした仕事をくれる事務所やクライアントには感謝が生まれ、良好な関係を築くことができるようになります。

先ほども述べた通り、採用する側がいかに演奏技術以外の部分を見ているのか、それを知ることは、フリーランスの音楽家として生き残るために、絶対にプラスになるはずです。

若い音楽家には、ぜひそうしたマネージメント、裏方の視点も学んでほしいと思っています。

裏方の経験、僕もしてみたいです。いろいろ教えていただいて、ありがとうございました！　音楽以外のことを知らずに不安もいっぱいだったけど、音楽家の置かれている世間的な立場もよくわかりましたし、複業の可能性も試したいって気になりました。藤井さんのように、あんなことも、こんなこともできるレアな人材を目指します！

僕たちがプロの演奏技術を身につけるまでには、ものすごい時間と努力が必要で、社会人としての常識を身につける時間がないまま、プロとしてスタートしてしまう人も多いけど、そうかといって、演奏能力だけでは決して仕事は保証されない。でも、そのことに気づいたなら、そこから学べばいいというのが僕の考え。のぞむくんたち世代は、ぜひ社会的スキルを伸ばして、自信を持って音楽というビジネスに取り組んでほしいな。期待しているよ！

ここが Point！

- □ **ステージに立つだけでなく、裏方も経験することは仕事の受注を伸ばす絶好のチャンスになる**
- □ **採用する側の事情を知り、求められる人材になろう**

Exercise（練習問題）⑩

さて、最後にもう一度、質問します。あなたの働きたいスタイルは、次のA～Dのどれに当てはまりますか？　また、自分がそれぞれの働き方を実践したとして、イメージをふくらませてみてください。

A．芸術家になる。収入がなくてもよいので、とにかく自分のやりたいことを追求したい

B．働き方を一つに絞った職業音楽家になる。フリーランス、オーケストラ奏者など、仕事を一つに特化して成果を出し、収入を得たい

C．多面的に働く職業音楽家になる。クラシック＋ポップス、演奏＋指導、演奏＋作編曲、または、音楽＋カメラマンのような異業種の組み合わせ、平日は会社員、週末は音楽家など、いくつかの職種をかけ合わせて収入を得たい

D．音楽家としては活動せず、就職、もしくは、結婚して家庭に専念したい

さあ、答えは出ましたか？
あなたに、心からの
エールを送ります。

おわりに

「音大生のための〝働き方〟のエチュード」を最後まで読んでくださってありがとうございました。音楽を仕事にしていくには何が必要なのか、少しでもつかんでくれていたら嬉しいです。

もちろん僕自身も最初からすべて完璧だったわけではありません。楽器の練習と同じように、現場でトライアンドエラーを繰り返しながら学んでいきました。経験を積むには必ずある程度の期間が必要なので、焦らず、少しずつレベルアップを目指してくださいね。

僕がこうして諦めずに音楽を続けることができたのは「音楽を仕事にしたい」という強い信念があり、さらに、それを応援してくれる先輩や友人に恵まれたからではないかと思っています。

僕も皆さんにとって、かつて僕に手を差し伸べてくれた先輩や友人のような存在でありたいと思っています。

改めて感じるのですが、音楽を仕事にできるって幸せですよね。

そんな僕の原点は、「楽しく生きること」なんです。なぜそう思ったかというと、少し重い話になってしまいますが、僕は小学校に入学する直前に母親を白血病で亡くしています。母は今の僕よりも若い、30代の後半でした。

子どもごころに「人生って短いんだな」と感じていました。

今の僕を知る人は、「藤井はあまり苦労せずに成功し、何でもスマートにこなせてしまう」と思っている人も少なくありません。もしかしたらこの本を読んで、皆さんもそう感じたかもしれませんね。実はまったくそんなことはなく、母がいないことでとても苦労しました。音大に行かなかったのは経済的な事情でもあります。

最初は「自分がこの世で一番不幸だ」くらいに思っていたんですけど、それがトロンボーンとの出合いで吹っ切れたんですよね。

「こんなに楽しいものがあるのか！　仕事にしたい！」と……

母のことがあり、「人生は短い」と感じている僕は、「仮に母と同じくらいの歳で人生が終わっても後悔しないように、自分の意思で楽しく生きよう！」と決意しました。そうしたら、どんどん良い方向に進むようになりました。自らの人生を差し出して「悔いのない人生を生きる事」を教えてくれた母は偉大だと思っています。

幸い僕は、母より長く生きることができました。今後の目標は「自分の存在で一人でも多くの人を幸せにすること」です。音楽の仕事にはそのパワーがあると思っています。まだまだやりたいことがあり過ぎて、１００歳までは健康でいたいですね（笑）。

未来に起こることは誰もわかりませんが、予想外に面白いこともたくさん起きます。本の著者になるなんて、僕の人生の計画にはまったくありませんでした。

間接的であっても、この本を通じて未来あるたくさんの若い音楽家たちとつながることができるのはとても楽しみです。

最後になりましたが、このような出版の機会をくださった株式会社ソナーレ様（楽器可物件の不動産屋で、僕がたまたまそこの入居者でした）、株式会社ザメディアジョンの田中朋博様、音大生が読みやすい本にまとめてくださったライターの宮嶋尚美様、デザイナーの赤井晴美様、漫画家の近藤こうじ様に、この場を借りて感謝を申し上げます。

著者略歴

藤《フジ》井《イ》 裕《ヒロ》樹《キ》／Hiroki Fujii

株式会社マウントフジミュージック代表取締役
Trombonist, Composer, Arranger, Teacher, Writer, Producer, Consultant

LIFE WITH MUSIC「音楽と共にある生活を」

1979年大阪府生まれ。都立小平南高等学校在学中、第4回日本トロンボーンコンペティションにおいて第3位入賞。アメリカネバダ州立大学ラスベガス校特待生（2005年在籍）。19歳でプロとしてのキャリアをスタート。国内外の多くのジャズアーティストとの共演の他、某テーマパークでのパフォーマンスや、大塚愛、関ジャニ∞、矢沢永吉などのJポップ、ロックアーティストのツアー・ライブサポートや、CDレコーディング、CM音楽のレコーディングなどに参加。作編曲家としては、テーマパークや東京スカイツリーのイベントなどを手がけ、講師としては、2008年から2015年まで（財）ヤマハ音楽振興会認定講師を務める。2016年3月11日、自身では初のリーダーアルバム「Lullaby of Angels」をリリース（東日本大震災チャリティーCDとして）。2017年1月、NPO法人ネクストステージ・プランニングの音楽ディレクター（プロデューサー）に就任。若い音楽家が自立するためのノウハウを書いたブログ「音楽家のサバイバル術」の執筆も行うほか、これまでの経験を生かし、楽器可物件の不動産会社や音楽事務所、ライブハウス、個人の音楽家などのコンサルティングも行っている。

https://mtfujimusic.com　　https://nextstage-p.org

音大生のための
〝働き方〟のエチュード

2020年4月1日　第一刷発行

著者　**藤井裕樹**

発行者　原正晃

発行所　NPO法人ネクストステージ・プランニング
〒170-0004　東京都豊島区北大塚2-14-5 1F
TEL 03-5958-0625
E-mail　info@nextstage-p.org
URL　https://nextstage-p.org/
受付：10:00〜18:00　定休日　土日・祝祭日

発 売 株式会社ザメディアジョン
〒733-0011　広島市西区横川町2丁目5-15　横川ビルディング
TEL 082-503-5035　FAX 082-503-5036

印刷・製本　株式会社シナノパブリッシングプレス

定価はカバーに表示してあります。落丁・乱丁はお取り替えいたします。
ISBN978-4-86250-669-6　Printed in Japan